Michael Loy

Fränkisches Seenland
Altmühltal

Dipl.-Psych. Elke Rathgen
Rudolf-von-Langenstr. 47
48147 MÜNSTER
Tel. 0251/293202

Koval Verlag

Redaktionsschluß: 23.2.1998
1. Auflage März 1998
© 1998 Koval Verlag GmbH,
Unterfischach
ISBN 3-931464-11-3

Fotos:
R. Metzger: 6, 8, 12, 17, 18, 24,
26, 28, 29, 36, 39, 40, 64, 69,
70(2), 74, 89, 95, 96, 99, 105(2),
111, 113, 114, 115, 118, 123, 124,
127, 138(2), 140
U. Brühschwein: 41, 43, 44, 45,
46, 47, 48, 49, 83, 84, 87, 88, 90,
136, 137, 141
A. DeGeare: 4

Die übrigen Fotos stammen vom
Autor

Titelfoto: Stadtmauer Greding,
Ronald Metzger

Gestaltungskonzept: Frieder Grindler
Satz: Koval Verlag (Quark XPress 3.3)
Druck: Freiburger Graphische
Betriebe, Freiburg
Gedruckt auf chlorfreiem Papier

Schreiben Sie uns, wenn Sie
Ergänzungsvorschläge und
Berichtigungen haben; sagen
Sie uns, was Ihnen gar nicht
und was Ihnen besonders gut
gefallen hat:

Koval Verlag
Weilerbachstraße 44
74423 Unterfischach
E-Mail: info@koval.de

Inhalt

Land und Leute

Vor Ort

Fränkisches Seenland

Altmühltal

Service

Die Autoren

Die Vorfahren von Michael Loy stammen aus Weißenburg, er selbst wurde 1958 in Hamburg geboren. Seit zehn Jahren lebt der „Zuagroaste" in Nördlingen. Geblieben ist die Vorliebe für Wind und Wasser. Über das Windsurfen kam der erste Kontakt mit dem Fränkischen Seenland zustande, das inzwischen Ziel vieler Familienausflüge gewesen ist.

Und auch beruflich ist der Autor der Region verbunden. Seit 1989 arbeitet er als Redakteur der „Fränkischen Landeszeitung" in Ansbach.

Ulrich Brühschwein, Jahrgang 1955, ist freier Journalist und lebt mit seiner Familie auf einem alten Bauernhof in einem kleinen Dorf bei Ansbach.

Aus seiner Feder stammen die Kapitel vom Oberlauf der Altmühl, Richtung Ansbach sowie rund um Roth und den Rothsee.

Land und Leute

Bechthaler Weiher

Natur aus Menschenhand

Urmeere und Eiszeiten, der Meteoriteneinschlag im Nördlinger Ries und der Einbruch des Oberrheingrabens haben die Landschaft an den Ufern der Altmühl geprägt.

Hier lebte der Urvogel Archäopteryx, bis er zu Stein wurde. Und zuletzt haben sich die Menschen darangemacht, das Altmühltal zu verändern.

Spuren und Schneisen haben Herrscher mit Visionen hinterlassen: Als sei die Überwindung der europäischen Wasserscheide, die die Flußsysteme von Rhein und Donau, und damit die Nordsee vom Schwarzen Meer trennt, ein Menschheitstraum. So hat schon Karl der Große versucht, Altmühlwasser in den Main zu leiten.

Sein Versuch, die Fossa Carolina, ist heute Touristenattraktion (siehe S. 102).

Die jüngsten Anläufe der bayerischen Staatsregierung sind geglückt, wenngleich ihnen das gleiche Schicksal droht, wie dem über 1.200 Jahre alten Vorgänger:

Der Main-Donau-Kanal, der bei Dietfurt die Altmühl verschluckt, ist wirtschaftlich zwar auch ein Flop. Angekurbelt hat das „dümmste Bauwerk seit dem Turmbau zu Babel" (Ex-Verkehrsminister Volker Hauff) dagegen den Fremdenverkehr. Vision oder Wahnsinn – das muß jeder für sich selbst beantworten.

Das zweite Großprojekt ist weniger umstritten: Südlich des Dörf-

chens Brombach unterquert Altmühlwasser die europäische Wasserscheide. Das Überleitungssystem mit mehreren Stauseen hat einen Namen: „Fränkisches Seenland". Altmühl-, Roth-, Igelsbach- und Brombachsee locken mit Badestränden, Surfzentren, Segelhäfen, Rad- und Wanderwegen, Schifffahrtslinie und Naturschutzgebieten.

Aber es gibt auch noch die stille Altmühl, dieser Fluß, der glaubt, er habe alle Zeit dieser Welt. Auf seinen 224 Kilometern von seiner Quelle an der Frankenhöhe bis zur früheren Mündung in die Donau bei Kelheim sind es gerade 107 Meter Höhenunterschied.

Die weiten Auwiesen des Oberlaufs teilen sich die noch wenigen Reisenden mit den Reihern und den ganz selten gewordenen Störchen sowie vielen anderen Tieren und Pflanzen, die es kaum mehr an anderen Orten Deutschlands gibt.

Ganz anders das Tal von Ur-Main und Ur-Donau im ehemaligen Jurameer. Wanderer, Radler, Paddler und Hobby-Archäologen haben diesen größten Naturpark Deutschlands schon lange entdeckt.

Aber auch diese Landschaft haben Menschen in Jahrhunderten geprägt: Ohne Schafherden gäbe es die typischen Trockenrasenlandschaften nicht.

Die heute als urtümlich empfundenen Steindächer der typischen Jurahäuser stammen aus Steinbrüchen, deren Nachfolger auf den heutigen Betrachter wie Wunden in einer intakten Naturlandschaft wirken.

Es ist eben eine Natur aus Menschenhand, eine Kulturlandschaft.

Der Franke

So sehr sich die Landschaft an der Altmühl verändert hat, die Menschen haben die Entwicklung mit Gelassenheit zur Kenntnis genommen.

Man lebt zwar in der Mitte Süddeutschlands, stand aber eigentlich nie im Mittelpunkt. Das mag auch an der Mentalität des Franken liegen, der lieber hinter den Kulissen wirkt als auf die Bühne zu treten. Lieber sagt er ein Wort zuwenig als eines zuviel.

Nie demonstrativ, aber doch beharrlich hängt er seine rot-weiße Fahne neben die weiß-blaue des Freistaats. Man gehört zwar zu Bayern, fühlt sich von München jedoch immer benachteiligt und im Stich gelassen. An den Fundamenten im konservativen Freistaat wird aber auch im protestantischen Franken nicht gerüttelt.

Die Landeshauptstadt ist dem Franken ein Graus. Lieber zittert er mit dem 1. FC Nürnberg in der zweiten oder dritten Fußball-Liga als mit den Bayern aus München im Oberhaus zu feiern. Und das hat nicht nur sportliche Gründe.

„Weniger ist mehr", ist eine Devise in diesem Landstrich, wo man Reichtum nicht demonstrativ zur Schau stellt. Die Einkommen liegen 20 Prozent unter dem Landesdurchschnitt. Das gleiche gilt aber auch für viele Preise. Die magische 10-Mark-Grenze für den Schweinsbraten im Gasthaus steht hier noch.

Es geht um die Wurst

Bei den Differenzen zwischen Bayern und Franken geht es auch um die sprichwörtliche Wurst. Was den Bayern ihre Weißwurst mit süßem Senf, ist den Franken ihre auf dem Rost gegrillte Bratwurst – und wehe dem, der sie mit irgendeiner Form von Senf zu sich nimmt. Jeder Ort, jeder Metzger ist überzeugt, Hort der einzig wahren Bratwurst zu sein. Also hüten Sie sich vor unbedachten Äußerungen.

Bratwürste findet man auf den Karten der Dorfgasthäuser in vielen Variationen. Nicht immer kommen sie vom Rost. Als „blaue" oder „saure Zipfel" werden sie im Sud aus Essig, Zwiebeln und Kräutern serviert. Wer sie so nicht mag, probiert sie vielleicht geräuchert mit Meerrettich.

Vegetarier haben es schwer in traditionellen Landgasthäusern. Fleisch, insbesondere vom Schwein, dominiert auch den Rest der Karte. Knöchla und Schäufela fehlen selten. Und ist Schlachttag, dann sind die Gaststuben voll und das Angebot ist um Schlachtschüssel mit Tellerfleisch, Blut- und Leberwürsten erweitert. Dazu gibt es meist Sauerkraut, denn vielerorts wurde früher viel Kohl angebaut.

Keine Angst, spätestens im Spätsommer und Herbst gibt es Abwechslung im Speiseplan. Dann beginnt die Pilzsaison und ab September geht es dem Karpfen (gebacken oder blau) an die Gräten.

Die Anbaugebiete des Frankenweins sucht der Gast in diesen Teilen Frankens vergeblich. Nur noch Flurbezeichnungen, Straßen- und Ortsnamen erinnern an früheren Weinbau. Von der Altmühlquelle ist es aber nicht mehr weit bis zu den Lagen im Taubertal.

Hopfen und Malz

Das Gebiet zwischen Main und Donau hat die höchste Brauereidichte der Nation. Und der Ruf des bayerischen Bieres ruht nicht zuletzt auf der Braukunst fränkischer Sudstätten. Gegen die Konkurrenz der Großbrauereien stemmen sich viele kleine lokale Brauereien, die ihr Bier im engsten Umkreis ohne lange Transportwege vertreiben.

Sigwart-Bräustüberl in Weißenburg

Rund um die Stadt Spalt (S. 77) liegt ein kleines, aber feines Hopfenanbaugebiet. Kein Wunder, daß das Bier aus der städtischen Brauerei besonders würzig ist. Ein Muß für jeden Bierliebhaber. Mehrere alte Kellerwirtschaften sind erhalten geblieben. Die ehemaligen unterirdischen Brauerei-Lagerstätten haben ausgedient, aber die Bäume, die zur Beschattung der Gewölbe gepflanzt wurden, stehen noch. Und darunter läßt es sich an Sommertagen herrlich rasten.

Das gastronomische Angebot ist groß, und die Wirte sind trotz Seenlandbooms meist auf dem Teppich geblieben. Essen und Trinken ist nach wie vor so preiswert wie in kaum einer anderen Region Deutschlands. Allerdings darf der Reisende in den Dorfgasthäusern keine kulinarischen Höhenflüge erwarten. Gekocht wird bodenständig und die Auswahl an Speisen orientiert sich an den Bedürfnissen der einheimischen Stammkundschaft. Statt Menüs gibt es manchmal nur deftige Brotzeiten.

Brauereigaststätte Leuchtturm in Gunzenhausen

Feste rund ums Jahr

Es wurden nur regelmäßig wiederkehrende Feste während der Sommermonate ausgewählt.

Daneben gibt es eine Vielzahl kleinerer, regionaler Veranstaltungen über das ganze Jahr hinweg.

Erkundigen Sie sich während Ihres Aufenthalts einfach bei der jeweiligen Stadtinformation und achten Sie auf entsprechende Anschläge.

Gaststätte Weinberg in Ansbach

Juni

Spalter Jugendtage (Wochenende nach Pfingsten)
Schweppermannsfest Weißenburg (Fronleichnam bis Sonntag alle zwei Jahre, 1999 das nächste Mal)
Kirchweih Röttenbach (zweiter Sonntag im Juni)
Veitsmarkt und Volksfest Pleinfeld (vorletztes und letztes Wochenende im Juni). Auf dem Veitsmarkt stellt sich das heimische Handwerk vor, er findet immer zwei Wochen vor dem Volksfest statt.
Johannimarkt Absberg (letzter Sonntag im Juni)

Open-Air-Konzert in Wald

Juli

Rokoko-Spiele Ansbach (erstes Juli-Wochenende). Feiern wie am Hofe des Markgrafen

Burgfest Lichtenau (erstes Wochenende im Juli). Seltene Gelegenheit die Burg einmal von innen zu betrachten.

Bürgerfest Gunzenhausen (erstes Wochenende im Juli)

Ironman Roth (ein Sonntag Anfang Juli). Ein sportliches Highlight ist der Triathlon „Quelle Ironman Europe". Dabei findet das Schwimmen über 3,8 Kilometer im Kanal statt.

Schützenzeche Weißenburg (dritter Samstag im Juli)

Römerfest in Pfünz (drittes Wochenende im Juli). Riesiges Spektakel mit Legionären, Steinschleuder im ehemaligen Kastell.

Kirchweih und Altstadtfest Ornbau (dritter Sonntag im Juli)

Heimatfest in Heideck (dritter Sonntag im Juli)

Kirchweih Allersberg (letztes Wochenende im Juli)

August

Burgfest Hilpoltstein (erstes Wochenende im August). Historisches Festspiel. Sonntags um 13.30 Uhr Festspiel am Marktplatz.

Kirchweih Georgensgmünd (erster Sonntag im August)

Heimatfest Ramsberg (erster Sonntag im August)

Limesfest in Kipfenberg (um Mariä Himmelfahrt, 15. August). Historienfest um Römer (Limes) und Mittelalter (Burg)

Kirchweih Weißenburg (dritter Samstag bis vierter Sonntag im August)

September

Altstadtfest Roth (erster Sonntag im September)

Kirchweih Merkendorf (erster Sonntag im September)

Kirchweih Gunzenhausen (Beginn zweites Septemberwochenende)

Kirchweih Spalt (drittes Oktoberwochenende)

Vor Ort

Anreise

Das fränkische Seenland und das Altmühltal liegen annährend in der geographischen Mitte Süddeutschlands.

Mit dem Auto

Je nach Ziel erfolgt die Anfahrt über die Autobahnen Nürnberg–Heilbronn (A6) oder Nürnberg–München (A9). Wichtige Bundesstraßen sind die B13 (Ansbach–Gunzenhausen–Weißenburg–Eichstätt–Ingolstadt), die B466 (Schwabach–Gunzenhausen–Nördlingen) und die B2 (Roth–Weißenburg–Treuchtlingen).

Mit dem Zug

InterRegio-Züge der Linie Würzburg-München halten in Ansbach, Gunzenhausen, Treuchtlingen und Eichstätt. Regionalzüge bedienen auf der Strecke Ansbach–Treuchtlingen auch Triesdorf und Muhr am See.

Roth, Ellingen, Weißenburg und Pleinfeld liegen an der Bahnlinie von Nürnberg nach Treuchtlingen. Regionalzüge fahren in der Regel im Stundentakt.

Beim Erkunden der Region stößt der Bahnurlauber, sofern er über ein Fahrrad verfügt, kaum auf Hindernisse. Für viele Ausflüge sind Rad und Zug sogar eine ideale Ergänzung (siehe S. 15).

Von den Bahnhöfen Muhr am See und Gunzenhausen ist der Altmühlsee zu Fuß erreichbar.

Der sogenannte „Seenland-Express" von Gunzenhausen nach Pleinfeld erschließt die Brombachvorsperre über den Bahnhof Langlau und den Brombachsee über Ramsberg.

Unüberhörbar donnern die Züge aber auch durchs enge Altmühltal. Bahnhöfe auf der Strecke zwischen Treuchtlingen und Eichstätt sind Pappenheim, Solnhofen und Dollnstein.

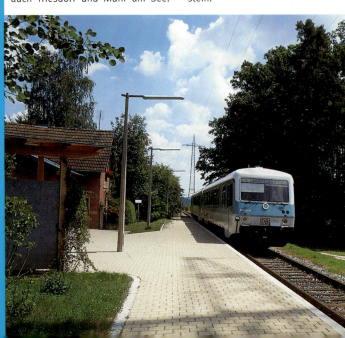

Mit Bahn und Rad

Bahn und Rad sind die ideale Kombination zur Fortbewegung im Seenland und Altmühltal. 1997 wurde fast das gesamte Gebiet in den Verkehrsverbund Großraum Nürnberg (VGN) aufgenommen. Lediglich das Altmühltal flußabwärts von Soln-

hofen blieb außen vor. Zum VGN-Gebiet gehören neben Nürnberg, Fürth und Erlangen zum Beispiel auch Ansbach, Bad Windsheim und Rothenburg ob der Tauber (siehe Karte hinten im Umschlag). Wie bei Verkehrsverbünden üblich, ist auch

Freizeitzentrum
Kratzmühle

beim VGN der Tarifdschungel für Ortsfremde schwer durchschaubar. Es gibt Streifenkarten, Tages-/Wochenend- und Einzelfahrscheine.

"Produkte des Fernverkehrs" wie IC- und ICE sind für Besitzer von VGN-Fahrscheinen grundsätzlich tabu, auch wenn sie zweimal im VGN-Gebiet halten. Die meisten InterRegio-Züge dürfen benutzt werden, es ist jedoch ein Zuschlag von DM 3,– pro Person und Fahrt zu lösen.

Familie fährt billig

Reisen zwei Personen oder eine Familie zusammen, braucht man sich ab einer Fahrt über mehr als zwei bis drei Bahnstationen mit Tarifzonen nicht mehr zu befassen: Dann ist die **Familien-Tages-/Wochenendkarte** die günstigste Lösung. Ein Gegenstück für Einzelreisende gibt es nicht. Für 20 Mark fahren zwei Erwachsene, vier Kinder und ein Hund im gesamten VGN-Gebiet, soviel und so lange sie wollen. Ein am Samstag gekauftes Ticket gilt auch am Sonntag. Folgende Feiertage verlängern das Wochenende. Für Feriengäste bietet sich die **31-Tage-Mobicard** an. Der erste Geltungstag

ist frei wählbar und sie gilt ebenfalls für zwei Erwachsene und vier Kinder. Die Mobicard kostet für das Gesamtnetz 98 Mark bei einer Ausschlußzeit von 6 bis 9 Uhr morgens.

Fahrradmitnahme

Besitzer von Familienkarten und Mobicard dürfen zusätzlich zwei Fahrräder kostenlos mitnehmen. Für weitere Räder sind "Kinderkarten" zu lösen, beziehungsweise es dürfen dann weniger Kinder auf den Tickets mitfahren. Die Tarifbestimmungen ändern sich in diesem Punkt leider häufig. Laut VGN reicht danach eine Familienkarte/Mobicard für eine vierköpfige Familie und vier Fahrräder.

In Zügen mit Gepäckwagen (in Regionalbahnen sind sie die Regel), ist der Transport von Fahrrädern jederzeit erlaubt. Das gleiche gilt für die Buslinie 609 von der U-Bahn Langwasser-Mitte (Nürnberg) an den Rothsee. Ansonsten müssen Drahtesel draußen bleiben, wenn kein Platz ist. In Bussen ist die Fahrradmitnahme Entscheidung des Fahrers. In InterRegios können Fahrräder nur nach vorheriger Reservierung mitgenommen werden.

Ticketkauf

Fahrkarten gibt es auf allen Bahnhöfen im Automaten. Geschluckt werden Münzen und Scheine bis zur 20-DM-Note, in neuen Automaten wird auch die Geldkarte akzeptiert. Zum Kauf der Familien-Tages-/Wochenendkarte wird die Taste F10 gedrückt.

Achtung Schulferien

An Wochenenden und während der Schulferien verkehren viele Buslinien auf dem Land nicht oder nur ein- bis zweimal täglich.

VGN-Verkaufsstellen
VGN-Verkaufsstellen sind die Bahnhofsschalter in **Ansbach, Georgensgmünd, Gunzenhausen, Roth, Solnhofen, Treuchtlingen** und **Weißenburg.** Weitere Verkaufsstellen gibt es in **Hilpoltstein** (Reisebüro Wutzer, Rother Str. 8), **Ornbau** (Busbetrieb Walter&Sohn, Vorstadt 4), **Pappenheim** (Verkehrsverein, Marktplatz 1) und **Pleinfeld** ("Der kleine Laden", Kirchenstr. 4).

Verkehrsverbund Großraum Nürnberg
Rothenburger Str. 9,
90443 Nürnberg
Servicetelefon: Mo.–Do. 8–15 Uhr,
Fr. 8–13 Uhr: 0911/2707599,
Fax 2707550
Internet: http://www.vgn.de

Deutsche Bahn AG
Regionalbereich Nordbayern, Sandstr. 38–40, 90443 Nürnberg
Fahrplanauskunft: 0911/19419

Radlerbus im Altmühltal
Im schienenlosen Teil des Altmühltals flußabwärts von Eichstätt gibt es ebenfalls Transportmöglichkeiten für erschöpfte Wanderer und

Radfahrer: Vom 1. Mai bis 3. Oktober verkehren an Samstagen, Sonn- und Feiertagen Busse mit Fahrradanhängern.

Bedient wird das Altmühltal zwischen Eichstätt und Beilngries, der Main-Donau-Kanal zwischen Beilngries und Riedenburg. Außerdem gibt es Verbindungen von Beilngries und Riedenburg nach Ingolstadt. Auskunft erteilt:
Regionalbus Augsburg, Büro Eichstätt, Bahnhofsplatz 17,
Tel. 08421/3029

Ein weiterer Bus fährt von Riedenburg zunächst den Kanal und dann die Donau entlang nach Regensburg. Auskunft:
Regionalbus Ostbayern GmbH,
Tel. 0941/999080

Kanalschiffahrt
Die Kanalschiffe auf dem Main-Donau-Kanal nehmen ebenfalls Fahrräder mit. Der Verein „MDK-Schiffahrt Altmühltal" gibt ein Fahrplanheft heraus.
MDK-Schiffahrt Altmühltal,
Schloßweg 3, 93309 Kelheim,
Tel. 09441/207125, Fax -261

Infos & Adressen von A–Z

Wer Prospektmaterial und Unterkunftsverzeichnisse über das Fränkische Seenland und die Altmühl von der Quelle bis zu Mündung in den Main-Donau-Kanal haben möchte, der kann sich an drei Fremdenverkehrsverbände wenden:

Das Neue Fränkische Seenland
Tourist-Information, Hafnermarkt 13, 91710 Gunzenhausen, Tel. 09831/4191, Fax 80450
Öffnungszeiten: Mo.–Fr. 8–12 Uhr u. 13–17 Uhr (Okt.–Apr. Mo.–Do. bis 16 Uhr, Fr. bis 12 Uhr)

Naturpark Altmühltal
Informationszentrum, Notre Dame 1, 85072 Eichstätt, Tel. 08421/9876-0, Fax -54
Öffnungszeiten: Mo.–Sa. 9–17 Uhr, So. 10–17 Uhr (Nov.–März Mo.–Do. 8–12 Uhr, 14–16 Uhr, Fr. 8–12 Uhr)

Romantisches Franken
Am Kirchberg 4, 91598 Colmberg, Tel. 09803/941-41, Fax -44
Öffnungszeiten: Mo.–Do. 8–16 Uhr, Fr. 8–12 Uhr

Angeln
Wer in Bayern den Fischen mit der Angel an die Gräten will, der braucht einen gültigen Fischereiausweis. Ausweise anderer Bundesländer werden anerkannt. Erlaubnisscheine gibt es in Vereinslokalen der Fischereivereine, Fremdenverkehrsämtern, Angelgeschäften oder Kiosken. Listen sind in der „Freizeitfibel" des Naturparks Altmühltal und dem Infoblatt des „Gebietsausschusses Neues Fränkisches Seenland" enthalten (Adressen siehe links).

Ausflüge
Wer die Region nicht auf eigne Faust erkunden will oder einen Vereins- oder Betriebsausflug organisieren muß, kann sich auch professioneller Veranstalter bedienen. Die Anbieter organisieren auch Wander-, Radwander- und Bootstouren mit und ohne Gepäcktransfer:
NATOUR, Elkan-Naumburg-Str. 2, 91757 Treuchtlingen, Tel. 09142/9611-0, Fax -22
SAN-AKTIV-TOURS, Nürnberger Str. 48, 91710 Gunzenhausen, Tel. 09831/4936, Fax 80594

Aussichtspunkte
Bei **Absberg** Blick auf Brombachseen (Aussichtspunkt am Parkplatz an der Straße Absberg-Gräfensteinberg). 75 Orte sollen es sein, die vom 524 Meter hohen Eichelberg südlich von **Arberg** zu sehen sind.

Am Überleiter bei **Gunzenhausen** gewährt ein künstlicher Hügel Ausblick über Stadt und Altmühlsee (Parkplatz gegenüber Mc Donalds)

Bei **Ornbau-Gern** bietet eine andere Anschüttung Blick auf Altmühlsee und -tal (S. 30)

Bei **Greding** kann man vom Kalvarienberg den Blick in die Ferne schweifen lassen.

SAN-AKTIV-TOURS
Reiseveranstalter · Touristik · Reisebüro

Fränkisches Seenland
Naturpark Altmühltal
Wörnitztal · Ries

Mobiler Fahrrad- und Bootsverleih
Seezentrum Muhr am Altmühlsee
Seezentrum Langlau Brombachsee
Freizeitanlage Gern bei Ornbau
Seezentrum Schlungenhof
Gunzenhausen, Nürnberger Str. 48

Rad- und Kanutouren
mit Rückholdienst
Gruppen- und Betriebsausflüge

Ausflugsfahrten von
Ende Mai - Mitte September

91710 Gunzenhausen
Nürnberger Str. 48
Tel.: 0 98 31 / 49 36

Blick auf beide Brombachseen

Vor allem Burgen und Schlösser bieten immer wieder schöne Ausblicke: So in **Abenberg, Arnsberg, Eichstätt, Gnotzheim-Spielberg, Kinding-Enkering, Pappenheim, Treuchtlingen, Wülzburg** oder **Wernfels**.

Campingplätze

Obwohl noch „neu", haben die Campingplätze im Seenland schon ihr Stammpublikum. In der Hochsaison empfiehlt sich dringend eine vorherige Anmeldung beziehungsweise Nachfrage.

Plätze gibt es in Gunzenhausen-Schlungenhof (S. 39), Langlau (S. 69), Pleinfeld (S. 74), Hilpoltstein-Karm (S. 88), Roth-Wallesau (S. 87), Hechlingen (S. 61), Weißenburg (S. 94), Greding (S. 123).

Im Altmühltal gibt es neben der Möglichkeit an einigen Bootsrastplätzen (S. 135) zu übernachten, Campingplätze in Pappenheim (S. 104), Dollnstein (S. 107), Kipfenberg (S. 118), Kratzmühle (S. 119), Beilngries (S. 121) und Breitenbrunn.

Für Jugendliche oder Radwanderer gibt es Jugendzeltplätze oder Einfachzeltplätze auf der Badehalbinsel Absberg (S. 66) und in Merkendorf (S. 46). Im Altmühltal ist Campen an vielen Bootsrastplätzen erlaubt.

Abstellmöglichkeiten für Wohnmobile siehe „Wohnmobile".

Hotels und Gaststätten

Das Angebot an Gasthöfen und Speiselokalen ist groß. Noch größer ist die Auswahl an Ferienwohnungen, die zu einem großen Teil in den Gastgeberverzeichnissen der Frem-

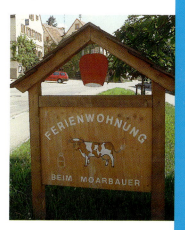

denverkehrsverbände (siehe „Auskünfte") enthalten sind.

Bei den in diesem Buch angegebenen Zimmerpreisen handelt es sich durchwegs um die Preise in der Hauptsaison 1998 pro Person. Einzelreisende oder Wanderer, die nur ein oder zwei Nächte bleiben, müssen mit Aufschlägen von 10 bis 25 Prozent rechnen.

Im Juli und August ist eine Reservierung oder vorherige telefonische Anfrage ratsam.

Jugendherbergen

Jugendherbergen gibt es in Eichstätt (S. 108), Gunzenhausen (S. 39) und Spalt (S. 82). Aufgenommen werden Personen bis 26 Jahre und Eltern, die ihre Kinder begleiten. Übernachtungsmöglichkeiten ohne Altersgrenze bieten die **Naturfreundehäuser** in Treuchtlingen, Weißenburg und Wellheim. Darüber hinaus verfügen Kirchen und Jugendverbände über Unterkünfte. Eine Liste mit 14 Häusern enthält die „Freizeitfibel" des Naturparks Altmühltal.

Kinder

Das Fränkische Seenland ist ein ideales Ausflugs- und Ferienziel für Familien mit Kindern. Sind die Kids etwas größer, dann ist auch das Altmühltal als Ziel geeignet. Eine Bootsfahrt mit Übernachtung im Zelt begeistert Kinder auch heute noch.

Die Beherbergungsbetriebe haben sich darauf eingerichtet. Spielplätze gehören fast zur Standardausstattung. Für viele Landwirte bietet der Fremdenverkehr ein willkommenes zweites Standbein. Gefördert von der EU ist ein großes Angebot an Unterkünften auf Bauernhöfen entstanden.

Klima

Wenn sich die Wolken noch an den Alpen stauen, scheint in Franken meist schon die Sonne. Wetterberichten des Bayerischen Rundfunks aus München ist deshalb grundsätzlich zu mißtrauen. Westwetterlagen ziehen schneller durch, was insbesondere die Segler und Surfer freut (mehr Wind). Der Fön muß nicht gefürchtet werden. Dafür ist es im Juli und August bisweilen schwül.

Landkarten

Da Sie in diesem Reiseführer über alle Sehenswürdigkeiten informiert werden, brauchen Sie nur noch Landkarten, die die markierten Wander- und Radwanderwege enthalten und Sie von A nach B bringen. Eine kleine Marktübersicht finden Sie in den Kapiteln Wandern (S. 128) und Radwandern (S. 126).

Sofern möglich, werfen Sie vor dem Kauf einen Blick hinein. Ist der Main-Donau-Kanal noch nicht verzeichnet, handelt es sich um ein Exemplar aus dem Antiquariat. Ist dagegen der Rundweg um den großen

Altmühltherme in Treuchtlingen

Brombachsee schon enthalten, haben Sie mit Sicherheit eine aktuelle Karte in der Hand.

Literatur

Für Wander- und Radwanderführer gilt das gleiche wie für die Landkarten: Achten Sie auf das Datum der letzten aktualisierten Auflage. Besonders im Seenland ändert sich noch viel. Wer einfach nur ein bißchen Radeln und Wandern möchte, ist mit diesem Führer und dem Material der Fremdenverkehrsverbände gut bedient.

Als Ergänzung dieses Reiseführers leistet Kunst- und Kulturinteressierten der Kunstreiseführer von Hans Gercke gute Dienste:

„Das Altmühltal", DuMont Kunst-Reiseführer, DuMont-Buchverlag, Köln

Darüber hinaus gibt es eine Vielzahl von Veröffentlichungen über Geschichte, Kultur, Natur und Geologie des Gebiets, etwa die sogenannte „Gelbe Reihe", preiswerte kleine Taschenbücher zu vielen Themen.

Notdienste

Polizei 110, Feuer 112, Rettungsdienst, Notarzt 19222

Radio

Neben den überregionalen Programmen des Bayerischen Rundfunks und von Antenne Bayern gibt es regionale Stationen, die auch lokale Nachrichten senden. Den größten Teil von Seenland und Altmühltal deckt Radio 8 aus Ansbach ab.

Schwimmbäder

Sollte es regnen, bieten mehrere „Erlebnisbäder" Schwimmspaß: Das „Juramare" in Gunzenhausen (S. 39), das „Aquella" in Ansbach (S. 57) und die völlig umgebaute „Altmühltherme" in Treuchtlingen (S. 103). Weitere Hallenbäder unterhalten Georgensgmünd, Greding, Roth und Weißenburg.

Noch größer ist das Angebot an Freibädern: Zu den Attraktionen gehören das „Limesbad" in Weißenburg und das „Waldbad am Limes" in Gunzenhausen. Beheizte Freibäder gibt es auch in Allersberg, Heideck, Herrieden, Hilpoltstein, Pappenheim, Roth und Treuchtlingen.

Wem die beschriebenen Seen nicht reichen, findet weitere Badegelegenheiten im Hahnenkammsee (S. 58) am Haundorfer Weiher (S. 65), bei Wallesau (S. 87) oder anderen Weihern.

Seezentrum Wald, Segelhafen

Heidenheim, Pleinfeld und Thalmässing verfügen über unbeheizte, dafür aber schöne Freibäder.

Verkehrsmittel

In den letzten Jahren wurden viele Anstrengungen unternommen, den Öffentlichen Personennahverkehr zu verbessern und in den Verkehrsverbund Großraum Nürnberg zu integrieren (S. 15).

Auf allen wichtigen Bahnlinien verkehren die Regionalbahnen bis etwa 30 Minuten nach Mitternacht im Stundentakt. Der Busverkehr orientiert sich stark an den Bedürfnissen des Schülerverkehrs. An Wochenenden und in den Ferien bewegt sich deshalb oft nur wenig. Taxis gibt es nicht überall, und ins-

besondere nachts wird vielerorts nicht mehr gefahren.

Wohnmobile

Offizielle Wohnmobil-Übernachtungsplätze gibt es am Altmühlsee am Surfzentrum Schlungenhof (S. 26) und auf der Badehalbinsel Absberg am Brombachsee (S. 66). Hier gibt es entsprechende Ver- und Entsorgungsstationen. Geduldet werden Wohnmobile bisher auch noch auf anderen Parkplätzen im Seenland (z.B. Wald oder Muhr am Altmühlsee).

Zeitungen

Die Zeitungslandschaft im Großraum Nürnberg wird von den „Nürn

Hafen in Ramsberg als Baustelle

berger Nachrichten" bestimmt. Das Blatt setzt sozial-liberale Akzente im schwarzen Bayern. Die Lokalzeitungen drumherum gehören entweder direkt der „NN" oder sind in irgendeiner Form alle mit ihr im Geschäft. Im unteren Altmühltal liefert der „Donaukurier" aus Ingolstadt das konservative Kontrastprogramm.

Fränkisches Seenland

Das Seenland

Das Fränkische Seenland ist das Produkt einer gewaltigen wasserbaulichen Maßnahme und steht in einem engen Zusammenhang mit dem umstrittenen Main-Donau-Kanal. Beides dient der Überleitung von Wasser aus dem Einzugsbereich der Donau und der Altmühl in das wasserarme Regnitz-Main-Gebiet.

Was im Bereich des Kanals Pumpen bewältigen, geschieht im Fränkischen Seenland auf „natürliche Weise". Bei Ornbau zweigt ein Zuleiter das Wasser der Altmühl ab.

Das geringe Gefälle des Flusses haben sich die Wasserbauer zunutze gemacht: Ein bis zu fünfeinhalb Meter hoher Damm entlang des Zuleiters und um den Altmühlsee reicht, das Wasser der Altmühl sowie des Nesselbaches aufzufangen.

Das der Altmühl belassene Wasser wird nördlich um den See herumgeführt. Bei Muhr und Schlungenhof überqueren die Seebesucher auf dem Weg ans Wasser das unscheinbare „Bächlein".

Der „Überleiter" ist nach Zuleiter und See der dritte Teil des Systems. Bei Schlungenhof verläßt er den Altmühlsee in östliche Richtung. Der Kanal verläuft durch den Wald parallel zur Staatsstraße nach Pleinfeld und verschwindet nach knapp vier Kilometern in einem Stollen. Das System kann mit dem Fahrrad oder zu Fuß erkundet werden.

Nach 2,7 Kilometer ist die Europäische Wasserscheide unterquert und das Altmühlwasser im Tal des Brombach gelandet. Unterhalb von Absberg wird es in der Brombachvorsperre gesammelt.

Das gleiche hat man nördlich davon mit dem Igelsbach gemacht. Brombachvorsperre und Igelsbachsee speisen den Brombachsee – größte und letzte Station des Altmühlwassers. Von dort wird es bei Wassermangel über Schwäbische Rezat und Rednitz zur Kühlung von Kraftwerken in der Region Nürnberg abgelassen.

Eine Speicherfunktion haben auch Rothsee und seine Vorsperre, die beide östlich des Main-Donau-Kanals liegen.

Informationsveranstaltungen
Jeden Mittwoch um 14 und 15 Uhr Filmvorführung des Talsperren-Neubauamtes in der Mandlesmühle am Fuß des Brombachseedammes zwischen Pleinfeld und Allmannsdorf. **Auskunft:** Talsperren-Neubauamt, Tel. 09144/551

Am Altmühlsee

Der Altmühlsee hat vor allem als Wassersportrevier einen Namen. Er ist aber auch beliebtes Ziel für Badende, Radler und Naturliebhaber.

Vor dem Bau des Altmühlsees war das von Bächen und Bächlein durchzogene Altmühltal bei Gunzenhausen Überflutungsgebiet und Heimat vieler seltener Vogelarten. Was beim Bau des Sees zerstört wurde, hat man versucht der Natur bei Muhr und Ornbau zurückzugeben. Dort entstanden Naturschutzgebiete für Wiesenbrüter und Wasservögel. Deren wichtigster Teil ist die 120 Hektar große **Vogelinsel** (S. 27).

Die Anlage des Sees erfolgte durch den Bau eines bis zu über fünf Meter hohen Ringdammes. Die Wassertiefe bewegt sich zwischen 2,0 bis 2,5 Meter. Im Frühjahr erwärmt sich das Wasser deshalb schnell.

Rund um den See
Für eine Umrundung des Sees bietet sich das Fahrrad an, denn vom Auto aus sieht man den See nicht, da sein Wasserspiegel höher als die Talaue liegt. Der Wander- und Fahrradweg befindet sich auf der Krone des 12 Kilometer langen Ringdammes und verbindet die drei Seezentren bei Schlungenhof, Muhr am See und Wald. Lohnenswert ist ein Abstecher entlang des fünf Kilometer langen Zuleiters nach Ornbau.

Beste Zeit
Heiße Sommerwochenenden (viel Betrieb) und Mittagshitze (kein Schatten) meiden.

Anfahrt
Die Parkplätze an den Seezentren sind gebührenpflichtig (DM 6,– pro Tag). Kostenlose Stellplätze gibt es am Ostufer an der B466/B13 und am Zuleiter bei Streudorf, Mörsach und Gern sowie an der Vogelinsel.

Dauer
Je nach Route 1,5 bis 2,5 Stunden.

> **Der See in Zahlen**
> **Länge:** 4 km
> **Breite:** bis 1,7 km
> **Tiefe:** bis 2,5 m
> **Fläche:** 450 ha (davon 120 ha Vogelinsel)
> **Einmal rum:** 12 km
> **Parkplätze:** 1.700
> **Badestellen:** 6 (einschließlich Überleiter)

Sollen See und Vogelinsel an einem Tag besucht werden, ist der Parkplatz am Info-Zentrum gegenüber der Vogelinsel bei Muhr am See mit Blick auf die Führungstermine (S. 27) der ideale Ausgangspunkt.

Allen anderen seien die Parkplätze am Sperrwerk bei Gunzenhausen an der B13 und B466 unterhalb des Dammes empfohlen.

Dort, wo die beiden Bundesstraßen gemeinsam die Altmühl überqueren, kehrt der Fluß in sein altes Bett zurück. Die Fahrt um den See gegen den Uhrzeigersinn führt ein kurzes Stück am Überleiter vom Altmühl- zum Brombachsee entlang.

Fast beiläufig wird zweimal die Altmühl überquert, die hier unter dem Überleiter hindurchgeleitet wird.

Seezentrum Schlungenhof

Am Auslauf des Sees in den Überleiter zum Brombachsee liegt das Seezentrum Schlungenhof. Die Zufahrt von der B13 zu den 470 Parkplätzen (DM 6,– pro Tag) ist ausgeschildert. Neben Campingplatz (S. 39), Badestrand, Segelhafen und zwei Spielplätzen gibt es ein Restaurant (Massenbetrieb, aber nicht schlecht) sowie Fahrrad- und Bootsverleih. Schlungenhof ist auch Station der Schiffahrtslinie (S. 32).

Surfzentrum Schlungenhof

Das Surfzentrum schließt sich fast unmittelbar an das Seezentrum an. Es hat aber eine eigene Zufahrt, die etwa 150 Meter außerhalb des Ortes in Richtung Ansbach von der B13 abzweigt. Auf den 280 Parkplätzen (DM 6,– pro Tag) dürfen Wohnmobile gegen eine Gebühr von 10,– Mark übernachten. Ver- und Entsorgungseinrichtungen sind vorhanden. Frühstück gibt es in der Cafeteria. (Beschreibung der Surf-Einrichtungen auf Seite 129).

Seezentrum Muhr am See

Nach etwa zwei Kilometern kommen wir zum nächsten Seezentrum. Auch mit dem Auto ist es leicht erreichbar. Von der B13 führt vom östlichen Ortsrand (Richtung Gunzenhausen) eine Stichstraße zu den 330 Parkplätzen (DM 6,– pro Tag). Muhr ist besonders bei Familien mit kleineren Kindern beliebt, denn das Wasser ist hier sehr flach. Neben Strand, Segelhafen (S. 132), Kinderspielplatz, Fahrrad- und Bootsvermietung sowie Schiffsanlegestelle gibt es einen Kiosk und einen Grillplatz.

Vogelinsel

Nur aus der Luft ist zu erkennen, daß fast ein Drittel der Fläche des Altmühlsees „bewachsen" ist. Die 120 Hektar große „Vogelinsel" ist zusammen mit der nördlich davon gelegenen „Wiesmet" zwischen Muhr und Ornbau Heimat für rund 220 Vogelarten. Viele davon sind vom Aussterben bedroht. Auf der Insel – und nicht nur dort – haben sich in letzter Zeit Biber angesiedelt. Wahrscheinlich sind es Nachfahren von an der Donau ausgewilderten Tieren.

Ein kleiner Teil der Insel ist über einen Rundweg mit Aussichtsplattform für Besucher zugänglich. Man kann den Weg auf eigene Faust be-

Vogelkundliche Führungen
15.3.–14.6. Do. 16 Uhr; Sa., So. u. feiertags 9 u. 16 Uhr.
15.6.–15.9. Mo.–Fr. 16 Uhr, Sa., So. u. feiertags 9 u. 16 Uhr.
16.9.–15.10. Do. 16 Uhr, Sa., So. u. feiertags 9 u. 16 Uhr.
16.10.–15.11. Do. 15 Uhr, Sa., So. u. feiertags 10 u. 15 Uhr.
Treffpunkt ist das Info-Zentrum des LBV am Seeufer.
Tip für Eltern mit Kindern: Im Sommer gibt es Führungen für Kids (ab 6 J.), die zeitgleich mit denen der Erwachsenen enden. **Termine:** 15.6.–15.9. Mo. u. Mi. 15.30 Uhr.

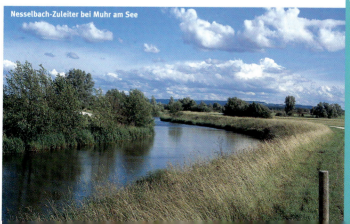

Nesselbach-Zuleiter bei Muhr am See

gehen oder sich einer der Führungen des Landesbundes für Vogelschutz (LBV) anschließen.

LBV-Naturschutzzentrum
Judenhof 27, 91735 Altmühlsee,
Tel. 09831/4820, Fax 1882
Öffnungszeiten: Mo.–Fr. 9–17 Uhr

Muhr am See

Vom Seeufer nach Muhr am See sind es nur 100 Meter. 1970 wurden Altenmuhr und Neuenmuhr zur Gemeinde Muhr am See vereint. Der Ortsname wurde zunächst belächelt und sorgte für Verwirrung bei Was-

sersportlern, die bis 1986 vergeblich den See am Ort suchten.

Zwei kunsthistorisch wertvolle Gebäude birgt die Gemeinde: das **Schloß Altenmuhr** und die **ev.-luth Kirche St. Johannes**. Das Schloß Altenmuhr ist als einziges von drei Adelssitzen übriggeblieben. Das einstige Wasserschloß mit einem Bergfried aus dem 12. Jahrhundert befindet sich in Privatbesitz und ist nicht öffentlich zugänglich.

Aus römischer Zeit stammt der älteste Teil der Kirche St. Johannes. Zu den kunsthistorischen Schätzen zählen die Deckenmalereien aus dem 15. Jahrhundert und ein vom Eichstätter Loy Hering geschaffenes Grabdenkmal. Das Epitaph zeigt den vor einem Kruzifix knieenden Wolff von Lentersheim. Von den Muhrern selbst ausgesuchtes Wahrzeichen des Ortes ist ein Torhaus aus dem 16. Jahrhundert.

Der Judenhof

Einzig die Straße „Im Judenhof" erinnert noch an die einst große jüdische Gemeinde des Ortes. 263 Juden, ein knappes Drittel der Bevölkerung, lebten 1831 dort. Vertreibungen im Raum Ansbach und Eichstätt hatten im 17. Jahrhundert die Ansiedlung in einem „Judenhof" begründet.

Torhaus in Muhr

Bei der Machtergreifung der Nationalsozialisten 1933 waren noch 29 jüdische Bürger gemeldet. In der „Wiege der Bewegung" war der Druck zum Verlassen des Ortes groß, 13 jüdische Bewohner starben in den Konzentrationslagern Theresienstadt und Sachsenhausen.

Service und Adressen
Gemeindeverwaltung
Rosenau 1, 91735 Muhr a. See
Tel. 09831/2209

Zum Mönchswald/Delphi
Hauptstr. 1, 91735 Muhr a. See
Tel. 09831/4532, Ü/F ab DM 35,–
Neu gestalteter Gasthof mit passablem griechischen Restaurant, Biergarten und 13 Gästebetten.

Pension Goldener Adler
Kirchenstr. 21, 91735 Muhr a. See,
Tel. 09831/3169, Ü/F ab DM 35,–,
Fewo ab DM 45,–
Stattliches Haus im Ortskern mit großem Garten und Spielplatz.

Pension Inge Scherer
Zur Raumlach 6, 91735 Muhr a. See,
Tel. 09831/2672, Ü/F DM 35,–,
Fewo ab DM 65,–
Neubau in Seenähe mit Garten und Spielgeräten.

Wiesenbrütergebiet „Wiesmet"
Ist die Vogelinsel schon besucht, kann die Seeumrundung von Muhr aus auch über die Straße nach Streudorf fortgesetzt werden. Am Ortsrand werdenzunächst die Altmühl, dann der Nesselbachzuleiter überquert. Rechts liegt das Naturschutzgebiet „Wiesmet", ein bedeutendes Wiesenbrütergebiet.

Am Nesselbachzuleiter geht es links ab entlang des angestauten Baches zum Seeuferweg. Vom Damm blicken wir auf einen kleinen Fluß hinab: Es ist die Altmühl, deren Wasserspiegel schon deutlich unter dem des Zuleiters liegt.

Kurz vor Streudorf treffen wir auf das der Altmühl abgezweigte Wasser im sogenannten Zuleiter des Sees. Auf dem nördlichen Damm des Stausystems sind es mit dem Rad gut 30 Minuten bis nach Ornbau.

Zur Fortsetzung der Seerundfahrt wird dagegen die Brücke überquert und wieder nach links von der Straße abgebogen.

Mörsach und Gern
Im Vergleich zu den an heißen Wochenenden überlaufenen Seezentren sind die Badestellen am Altmühlzuleiter ein Hort der Ruhe. An den Badestellen Arberg-Mörsach und Ornbau-Gern kann gebührenfrei geparkt werden. Liegewiesen, sanitäre Anlagen und Kioske gehören zur Grundausstattung. In Gern erweitern ein Bootsverleih und ein Restaurant das Angebot.

Auffällig in Mörsach ist die stattliche katholische Saalkirche St. Antonius. Hochaltar und Kanzel stammen aus dem 15. beziehungsweise 17. Jahrhundert. Das Deckengemälde schuf Georg Lang 1889.

Aussichtshügel bei Gern

Unübersehbar lädt kurz vor Gern eine Aufschüttung an der Landstraße von Ornbau nach Gunzenhausen-Wald zu einem Blick über das weite Altmühltal ein.

Gasthof „Am Anger"

Ortsteil Gern, 91737 Ornbau, Tel. 09826/1342, Fax 7867, Ü/F ab DM 32,–, Okt.–März Fr. Ruhetag
Neues Haus an der Freizeitanlage Gern. Gute Küche, schöne Terrasse.

Ornbau

Die vorgeschobene Bastion der Bischöfe von Eichstätt im protestantischen Fürstentum Brandenburg-Ansbach ist heute das Tor zum Seenland. Unweit der Altmühlbrücke aus dem 17. Jahrhundert, die in sechs Bögen den Fluß überspannt, wird der Altmühl das Wasser für das Überleitungssystem (S. 24) abgezweigt. Am unscheinbaren Wehr 150 Meter vor der Stadt überquert ein in Bronze gegossener, pilgernder **St. Jakob** leichtfüßig die europäische Wasserscheide. Die Skulptur erinnert an die Flutung des Altmühlsees 1986. Über die Altmühlbrücke läuft der Besucher auf das südliche Stadttor zu. Es ist Teil der zwischen 1470 und 1490 entstandenen Befestigungsanlagen.

Mitbestimmt wird die Silhouette von der katholischen Pfarrkirche **St. Jakob**. Das auf romanische Ursprünge zurückgehende Gotteshaus erhielt 1967 ein Kirchenschiff aus Glas und Beton. Das Werk des Ingolstädter Architekten Josef Elfinger entzweit die Betrachter: Denkmalschützer sehen seitdem im Stadtbild „empfindliche Störungen", Befürworter sprechen von einen „spannungsvollen Ensemble".

Unter den fast 40 denkmalgeschützten Gebäuden in der Stadt ist das 1764 vom Eichstätter Stadtbaumeister Maurizio Pedetti errichtete **Kastenamt** erwähnenswert. Heute beherbergt es die Schule.

Beim Gang auf den katholischen Friedhof stößt der Besucher auf die unübersehbaren Grabmäler zweier französischer Emigranten, die während ihrer Besuche in der Sommerresidenz der Ansbacher Markgrafen im Triesdorf verstarben: Der Lustspieldichter Maréchal de Bièvre und der Oberst Michael de Gaston.

Service und Adressen

Stadtverwaltung Ornbau
Vorstadt 1, 91737 Ornbau,
Tel. 09826/378, Fax 7888
Öffnungszeiten: Mo.–Fr. 8–12 Uhr

Gasthof „Zum Hirschen"
Altstadt 13, 91737 Ornbau, Tel. 09826/356, Fax 222, Ü/F ab DM 35,–, mit Du./WC ab DM 45,–, Mo. Ruhetag
Traditionelles fränkisches Wirtshaus mit Metzgerei (Schlachttag Dienstag) und Biergarten.

Privathaus „Bastei Waltz"
An der Stadtmauer 10, 91737 Ornbau, Tel. 09826/61010, Fewos ab DM 75,–
Die Wohnungen befinden sich in einem renovierten Altstadthaus.

Stadtansicht Ornbau

St. Jakob

1732 von Carl Friedrich von Zocha neu gebaut.

Die Ähnlichkeit mit Bauwerken im nahen Ansbach ist nicht zufällig. Der Hofbaumeister der Ansbacher Markgrafen hat dort die Orangerie (S. 55) entworfen.

Von Zocha stammt auch das 1722 gebaute Kirchenschiff der **Walder Pfarrkirche**, deren gotischer Turm markantes Wahrzeichen des Ortes ist. Nach Zochas Tod fiel das Schloß an den „Wilden Markgrafen" Carl Wilhelm Friedrich, der es an die Familie von Falkenhausen weitergab: Die Stamm-Mutter des Geschlechts war, wie es so schön hieß, die Gattin „zur linken Hand" des mit der Schwester von Friedrich des Großen, Friederike Louise, verheirateten Lebemannes.

Vorsicht Landstraße

Auf älteren Karten ist die Landstraße von Ornbau bis nach Streudorf als Radwanderweg markiert. Die Route ist gefährlich und auch nicht schön. Hier rauschen keine Bäume, sondern nur Autos. Wer auf dem Damm am Nordufer des Zuleiters fährt, verpaßt nichts. An der Badestelle bei Mörsach beginnt dann der südliche Seeuferweg.

Seezentrum Wald

Bei Sonnenschein ist es hier aus mit der Beschaulichkeit. Am Strand wird es eng, und bis zu 10.000 Besucher

Wald

Wald ist das Kontrastprogramm am See: Hier ist das „lauteste" Seezentrum, aber der Ort hat sich seine Ruhe und Beschaulichkeit bewahrt. Dabei hat das Dorf, das heute ein Ortsteil von Gunzenhausen ist, eine bewegte Geschichte: Hier stand die Burg des berüchtigten Raubritters Ekkelin Geyling von Walde, der sich Mitte des 14. Jahrhunderts bei den Kaufleuten aus Rothenburg und Nürnberg bediente – bis seine Burg zerstört, er und seine Mitstreiter hingerichtet wurden.

Auf den Trümmern der Burg entstand ein Schloß. Das wurde 1706 von den Franzosen zerstört und

Schloß in Wald

Eine Seefahrt, die ist lustig...
Die MS Gunzenhausen ist Frankens einziger See-Dampfer. Vier- bis sechsmal täglich stampft das Schiff mit Platz für 85 Passagiere in der Saison über den See. Eine Stunde dauert es dank der Halte in Schlungenhof, Muhr und Wald.

Dafür, daß es nicht langweilig wird, sorgt Kapitän Herbert Gutmann. Der Busfahrer mit dem „Schiffsführerpatent B" für bayerische Seen, Flüsse und Kanäle bedient neben dem Ruder auch das Bordmikrophon. Gitarre und Liederbücher gehören zum Inventar, nach einem Klo sucht der Passagier dagegen vergeblich.

Die Rundfahrt kostet für Erwachsene DM 8,–, für Kinder (6–15 Jahre) die Hälfte. Auskünfte, Reservierungen, Sonderfahrten:
Zweckverband Altmühlsee,
Marktplatz 25, 91710 Gunzenhausen, Tel. 09831/508-71, Fax -79

wurden schon bei Pop-Veranstaltungen am Seezentrum Wald gezählt. Keine Anwohner, keine Verkehrsprobleme – an den Sommerwochenenden reihen sich Open-Air-Konzerte an Strandfeste und heiße Seenächte.

Rund 1.000 gebührenpflichtige Parkplätze (DM 6,– pro Tag) stehen zur Verfügung. Die Anfahrt ist sowohl von der B466 als auch von der B13 ausgeschildert („Altmühlsee Südufer").

Die Freizeiteinrichtungen bestehen aus Badestrand, Bootsvermietung, Kiosk mit Biergarten, Spielplatz, Schiffsanlegestelle, Segelhafen (S. 132) und kleinem Surfufer (S. 129).

Gasthof „Frankenhof"
Streudorf Nr. 32, 91710 Gunzenhausen-Wald, Tel. 09831/3171, Ü/F ab DM 40,–
Landgasthof mit eigener Landwirtschaft, Imkerei und Gästezimmern.

Reiterhöfe
Übernachtungsmöglichkeiten bieten auch die beiden Reiterhöfe in Wald und Oberhambach (S. 127).

Gunzen-
hausen

Ein stilisiertes Surfsegel im Stadt-signet symbolisiert Wind, den das Zentrum im Fränkischen Seenland im Rücken spürt. Seen und Wälder als Standortfaktoren sollen für Aufschwung sorgen. Die 17.000-Einwohner-Stadt Gunzenhausen ist nicht nur Einkaufs-, Freizeit- und Dienstleistungszentrum. Die Stadt beherbergt auch eine Reihe von Sehenswürdigkeiten. Dazu gehören Reste der alten Stadtbefestigung, die Zeugnisse des „Markgrafenbarocks" und die Spuren des römischen Limes.

Gesellschaft für Stadtmarketing und Touristik mbH Gunzenhausen
Marktplatz 25, 91710 Gunzenhausen, Tel. 09831/508-76, Fax -79
Öffnungszeiten: Mo–Fr. 9–12 Uhr, 13–18 Uhr, Sa. 10–12.30 Uhr (Okt.–April: Fr. ab 12.30 und Sa. geschlossen)

Geschichte
Erstmals erwähnt wird Gunzenhausen 823 in einer Schenkungsurkun-

Spuren des Limes
Mitten durch den Burgstallwald oberhalb der Stadt bauten die Römer ihren Limes, der ihr Reich vor dem Einfall germanischer Stämme schützen sollte.

In den Wald kommen Sie über Sonnenstraße, Leonhardsruh und Krackerstraße. Die Reste von drei Wachttürmen sehen Sie, wenn Sie dem Trimm-Dich-Pfad gegen den Uhrzeigersinn folgen.

de des Frankenkönigs Ludwigs des Frommen. Das königliche Kloster „Gunzinhusir", die Gründung eines Edlen namens Gunzo, ging damals an das Kloster Ellwangen.

Die Geschichte der Stadt reicht aber viel weiter zurück. An der strategisch wichtigen Altmühlfurt bauten die Römer ein Kastell. Es stand auf dem Gelände der Stadtkirche und war 86 mal 80 Meter groß. Eine Tafel in der Kirche erinnert an diese Urzelle der Stadt.

Das heutige Stadtbild wurde maßgeblich vom Ansbacher Markgrafen Carl Wilhelm Friedrich geprägt. Der „Wilde Markgraf" hatte eine Vorliebe für die Jagd, und mit ihm kamen

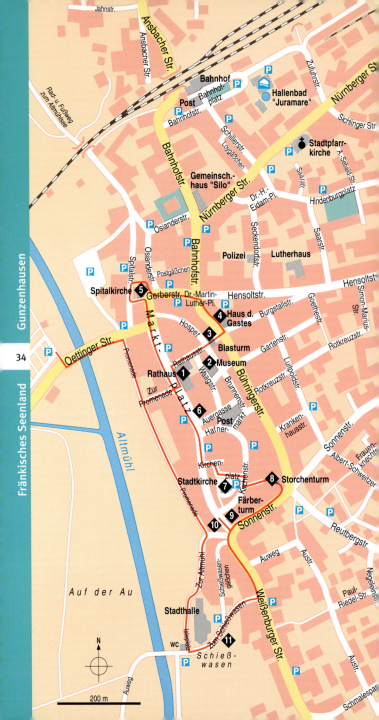

Jahnstr.

Ansbacher Str.

Rad- u. Fußweg zum Altmühlsee

Bahnhof

Post

Bahnhofplatz

Hallenbad "Juramare"

Nürnberger Str.

Bahnhofstr.

Schillerstr.

Loßgäßchen

Sichlinger Str.

Stadtpfarrkirche

A.-Sebald-Str.

Gemeinsch.-haus "Silo"

Nürnberger Str.

Dr.-H.-Eidam-Pl.

Hindenburgplatz

Saarstr.

Osianderstr.

Seckendorfstr.

Polizei

Lutherhaus

Spitalstr.

Osianderstr.

Postgäßchen

Hensoltstr.

Hensoltstr.

Simon-Marius-Str.

Spitalkirche **5**

Gerberstr.

Dr.-Martin-Luther-Pl.

Burgstallstr.

Goethestr.

Rotkreuzstr.

Markt

Hospst.

4 Haus d. Gastes

Gartenstr.

Oettinger Str.

Promenade

Rathausstr.

3

Blasturm

Museum **2**

Waagstr.

Bühringerstr.

Rotkreuzstr.

Luitpoldstr.

Rathaus **1**

Zur Promenade

Brunnenstr.

Krankenhausstr.

Sonnenstr.

6

Auergasse markt

Post

Albert-Schweitzer-

Frauenknecht

Hafner-

Reutbergstr.

Altmühl

Kirchen-platz

Krämerstr.

8 Storchenturm

Stadtkirche

7

Färberturm

9

Sonnenstr.

Austr.

10

Auweg

Auf der Au

Zur Altmühl

Promenade

Schießwasengäßchen

Weißenburger Str.

Negeleinstr.

Paul-Riedel-Str.

Stadthalle

Zum Schießwasen

WC

Liegeplatz

11

Schieß-wasen

N

Banny

200 m

Austr.

Schmalzestr.

Highlights

Neues Rathaus
Stadtmuseum
Blasturm
Jagdschloß
Spitalkirche
Marktplatz
Stadtkirche
Storchenturm
Färberturm
Wehrgang
Fachwerkstadel

Mitte des 18. Jahrhunderts zahlreiche Barockbauten in die mittelalterliche Kleinstadt und in den heutigen Ortsteil Wald (siehe S. 31).

Erstes Pogrom
Zu den unrühmlichen Kapiteln der Stadtgeschichte gehört das erste antijüdische Pogrom in Bayern nach der Machtergreifung durch die Nationalsozialisten. Am Palmsonntag 1934 war eine aufgebrachte Menschenmenge durch die Stadt gezogen.

Ziel war der jüdische Antifaschist Jakob Rosenberger, der von einem SA-Obersturmführer und Gefolgsleuten in einem Hinterhof ermordet wurde. Ein zweiter jüdischer Bürger wurde mit Messerstichen in der Brust tot aufgefunden.

Während sich im ersten Fall 50 Jahre nach der Tat Zeugen fanden, die den SA-Führer des Mordes bezichtigten, blieb der zweite bis heute unaufgeklärt.

Beste Zeit
Ideal für einen Besuch ist der Donnerstag: Es ist der Markttag und die Türme sind geöffnet. Letztere sind auch sonntags zugänglich.

Anfahrt
Die beiden Bundesstraßen 13 und 466 umgehen die Stadt. Kostenlose Großparkplätze in Altstadtnähe an der Oettinger Straße vor der Altmühlbrücke und am Festplatz.

Dauer
1 Stunde ohne Turmbesteigungen und Besichtigungen.

Altmühl-Promenade
Als Startpunkt für einen Stadtrundgang bieten sich die beiden Großparkplätze in den Altmühlauen an. Von beiden Plätzen aus beginnt der Stadtbummel auf dem etwas hochtrabend „Promenade" getauften Weg durch die Altmühlauen. Die einzige Verbindung zur Altstadt ist ein Fußweg, der in Höhe des Neuen Rathauses auf den Marktplatz trifft.

Neues Rathaus ❶
Das neue Rathaus ist so neu auch nicht. In dem ehemaligen Oberamtshof starb 1757 der „Wilde Markgraf" Carl Wilhelm Friedrich. Er selbst hatte das Gebäude umbauen lassen. Am Rathaus befindet sich die Tourist-Information. Unser Weg führt zunächst links am Rathaus vorbei in die Rathausstraße mit einigen schönen Fachwerkhäusern.

Stadtmuseum ❷
Öffnungszeiten: 1. Mai–15. Okt. Di.–So. 10–12 Uhr u. 13–17 Uhr
16. Okt.–30. April Di.–Fr. 13–17 Uhr, So.10–12 Uhr u. 13–17 Uhr
Eintritt: frei
Unmittelbar vor dem Blasturm steht das sehenswerte Stadtmuseum, ebenfalls ein Bau aus der Markgrafenzeit. Ansbachs Hofbaumeister Johann Wilhelm von Zocha ließ es 1706 für sich selbst bauen.

Stadtmauer

Bis 1974 beherbergte das Adelspalais die Stadtverwaltung. Neben volkstümlichen und handwerklichen Gegenständen sind 280 Fayencefliesen aus der Crailsheimer Manufaktur ausgestellt. Highlight sind 115 Jagdmotive aus der Falknerei, der Leidenschaft des „Wilden Markgrafen".

Museum für Frühgeschichte
Direkt neben dem Stadtmuseum entsteht ein weiteres Museum. Ein Teil ist das Modell einer steinzeitlichen Höhle im Treppenhaus des Hauses Brunnengasse 1. Ähnlich visuell sollen auch die übrigen Themen über die Römer bis zu ihren Nachfolgern behandelt werden. Eröffnungstermin: Oktober 1998.

Blasturm ❸
Öffnungszeiten: Mai–Sept. Do. u. So. 11–12 Uhr
Vom 33 Meter hohen „Ansbacher Tor" mit Türmerwohnung und Musikzimmer haben Sie einen schönen Blick über die Stadt.

Jagdschloß ❹
Auch das Jagdschloß vor dem „Blasturm" ließ der Ansbacher Fürst Carl Wilhelm Friedrich 1749 bauen.

Heute beherbergt es das „Haus des Gastes". Zwischenzeitlich hatte hier der Alchimist und Heilpraktiker Johann Reichardt gelebt.

Adolf Hitler soll über Julius Streicher den „Goldmacher von Gunzenhausen" kontaktiert haben, ob er nicht Gold zur Tilgung der Staatsschulden herstellen könne.

An der nächsten Kreuzung geht es links über die Gerberstraße wieder in Richtung Altstadt.

Blasturm

Spitalkirche ❺

Der Legende nach hat der hier bei-
gesetzte Burkhard von Seckendorff
Spital und Kirche gestiftet, weil er
bei der Jagd seine Geliebte für ein
Reh gehalten und versehentlich er-
schossen hatte. Der Bau aus dem
14. Jahrhundert wurde 1700 umgestaltet und bekam damals seine
prächtige Stuckdecke mit Markgra-
fenwappen. Das angrenzende Spital
ist heute Jugendzentrum.

Am klobigen „Steingass"-Kauf-
haus vorbei geht es auf den

Marktplatz ❻

Der Marktplatz ist ein Straßenplatz
und das ist wörtlich zu nehmen: Es
herrscht reger Autoverkehr. Leucht-
reklamen und Werbetafeln stören
den Charme des Platzes empfind-
lich. Rechts und links vom Durch-
gang zur Promenade stehen zwei
auffällige Fachwerkhäuser: Das ehemalige Gasthaus „Zum Lamm" ist
heute ein Drogeriemarkt.

Im Hinterhaus vom Marktplatz 26
befindet sich eine ehemalige Gerbe-
rei. Die häufige Anwesenheit des
„Wilden Markgrafen" bedingte, daß
sich auch Gefolgsleute hier ansie-

Spitalkirche

delten. Zeugnisse des „Markgrafen-
barock" sind der Wohnsitz des ehemaligen Stadtvogten Beeg (Marktplatz 42) und das Heydenabsche Palais (heute Gewerbebank). Weder
markgräflichen noch mittelalterlichen Ursprungs ist das auffallend-
ste Gebäude am Marktplatz. Die
neubarocke Fassade der Nummer
52 stammt aus dem Jahr 1911.

Stadtkirche ❼

Wahrscheinlich um 1200 wurde die
Kirche auf dem Gelände eines ehemaligen Römerkastells gebaut. Ihr
heutiges äußeres Aussehen erhielt
sie im 14. und 15. Jahrhundert. Die
Einrichtung ist überwiegend barock.
Kruzifix, Taufstein und Kanzel hat
der markgräfliche Hofbildhauer Giuseppe Volpini beigesteuert.

In der Apsis des südlichen Seiten-
schiffs befindet sich ein erst jüngst
entdecktes Fresko des Hl. Christo-
phorus von 1498. Bedeutend ist der
gotische Grabstein des 1503 verstorbenen Paul von Absberg, eines
Freundes von Götz von Berlichin-

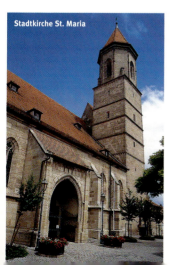
Stadtkirche St. Maria

gen. Gegenüber der Kirche befindet sich das Dekanatsgebäude, ein schön renoviertes Fachwerkhaus.

Storchenturm
Etwas versteckt, an einer kleinen Gasse, die wir von der Kirchenstraße aus erreichen, liegt in einem netten Ensemble der Storchenturm. Ein Fußweg führt zur Sonnenstraße, die Sie rechts heruntergehen.

Färberturm
Öffnungszeiten: Mai–Sept. Do. u. So. 11–12 Uhr
Der Färberturm ist auch als Pulver- oder Diebsturm bekannt, was für wechselnde Verwendung spricht.

Weeberseck
Ein überdachter Wehrgang schräg gegenüber dem Pulverturm ist der liebevoll gepflegte Rest der Stadtmauer. Über die Weißenburger Straße geht es weiter in Richtung Festplatz.

Färberturm

Tradition oder Erlebnis
Ein Leuchtturm weist im Seenland dem Bierfreund den Weg. In der „**Gasthausbrauerei Leucht-turm**" an der Ansbacher Straße (zwischen Bahnhof und B13) darf der Gast beim Brauen zuschauen. Zum naturtrüben Hell, Märzen oder Hefeweizen gibt es im Biergarten Brotzeiten überdurchschnittlicher Qualität. Das Restaurant, eingerichtet im Stil der Gründerzeit, läßt ebenfalls keine Wünsche offen.

Das traditionelle Gegenstück ist das **Brauhaus Gunzenhausen**. Es steht am Marktplatz, ist über 400 Jahre älter und nach wie vor die beliebteste Speisegaststätte der Stadt. Die Hausspezialität ist der „blonde Bock". Wer's nicht so malzig mag, greift zum naturtrüben Hellen. Donnerstags gibt es Spanferkel (ab 18 Uhr), sonntags Grillabend (ab 18.30 Uhr).

Und vor den Toren der Stadt hat das **Gasthaus Baumgärtner in Oberasbach** ein Sudhaus in den Biergarten gebaut. Ungefiltert kommt der Gerstensaft als Hell oder Dunkel auf den Tisch.

Fachwerkstadel
Öffnungszeiten: Mai–Okt. 1. u. 3. So. sowie 1. u. 2. Adventswochenende 14–16 Uhr
Eintritt: Erwachsene DM 2,–
Das 1986 von der Stadt Gunzenhausen erworbene und renovierte Loh- und Rotgerberhaus beherbergt die Weiperter Heimatstube und die Erzgebirgsschau, eine Sammlung von Kunsthandwerk, die nach einer Odyssee in die Obhut der Stadt kam.

Service und Adressen

Gasthaus Lehner
Weißenburger Str. 24, 91710 Gunzenhausen, Tel. 09831/89303
Die urgemütliche Wirtschaft liegt noch innerhalb des Altstadtkerns zwischen Marktplatz und Wehrgang. Dazu gehört ein schöner Biergarten an den Altmühlauen.

Zum Lauterbacher
Bühringerstr. 8, 91710 Gunzenhausen, Tel. 09831/1573
Lokal für das abendliche Bier.

Fränkische Weinstuben
Weißenburger Str. 38, 91710 Gunzenhausen, Tel. 09831/2826
Gemütliche Weinstube mit Brotzeitkarte.

Hotel „Zur Post"
Bahnhofstr. 7, 91710 Gunzenhausen, Tel. 09831/67470, Fax 6747222, DZ Ü/F ab DM 145,–
In der ehemaligen Reichsposthalterei haben Goethe und König Ludwig I genächtigt und getafelt. Stilvoll eingerichtete Zimmer, auch als Abendrestaurant eine erste Adresse.

Parkhotel
Zum Schießwasen 15, 91710 Gunzenhausen, Tel. 09831/5040, Fax 89422, DZ Ü/F ab DM 170,–
Modernes Tagungshotel mit allem Drum und Dran einschließlich Schwimmbad, Dampfbad und Nichtrauchertrakt.

Café am Wehrgang
Ecke Weißenburger/Sonnenstr., 91710 Gunzenhausen, Tel. 09831/2081, Fax 2176, Ü/F ab DM 50,–
Das Café am Fuße des Färberturms vermietet vier neue Apartements.

Hotel „Zur Post"

Brauhaus Gunzenhausen
Marktpl. 10, 91710 Gunzenhausen, Tel. 09831/7043, Fax 80859, Ü/F ab DM 55,–, Fewo ab DM 90,–
Traditionsgaststätte im Zentrum.

Ferienhaus Engel garni
Osianderstr. 18, 91710 Gunzenhausen, Tel. 09831/67790, Fax 89879, Ü/F ab DM 56,–
Neueres Haus am Rande der Innenstadt mit komfortablen Zimmern.

Campingplatz Altmühlsee
Herzog GmbH, Seestr. 12, 91710 Gunzenhausen-Schlungenhof, Tel. 09831/9033
Einziger Campingplatz am Altmühlsee. 250 Stellplätze, ca 200 Meter zum Wasser. Supermarkt und Gastwirtschaft auf dem Gelände. Für DM 10,– Übernachtung in einem Matratzenlager möglich.

Jugendherberge Altmühlsee
Spitalstr. 3, 91710 Gunzenhausen, Tel. 09831/6702-0, Fax -11
Neues Haus am Rande der Altstadt mit 4- und 6-Bettzimmern.

Hallenbad „Juramare"
Bahnhofspl. 16, 91710 Gunzenhausen, Tel. 0981/8004-50
Öffnungszeiten: Di.–Fr. 15–22 Uhr, Sa. u. So. 8–18 Uhr
Eintritt: Erw. DM 6,–, Kinder DM 3,–
Nach einem größeren Umbau wurde das

Bad 1998 wiedereröffnet. Schwimmhalle (28°), Freibecken (32°) mit Wasserstrudel und Unterwassermusik, neues Kinderbecken, Römisches Dampfbad, Sauna, sowie ein Sole-Bewegungsbecken.

Waldbad am Limes
Leonhardsruhstr. 46, 91710 Gunzenhausen, Tel. 09831/3234
Öffnungszeiten: Mai–Sept. 7–20 Uhr
Eintritt: Erw. DM 5,–, Kinder DM 2,50
Anfahrt: Das Bad liegt am südlichen Rand des Burgstallwaldes. Von der Innenstadt die Sonnenstraße benutzen, dann rechts ab in die Leonhardsruhstraße.
Beheiztes Freibad. Geboten werden unter anderem: 100-Meter-Rutsche, Breitrutsche, Wildwasserkanal, Schwimmbecken, 5-Meter-Sprungbecken, Mutter-Kind-Bereich, Kiosk, Biergarten.

Tennis- und Squash-Center
Schützenstr. 9, Tel. 09831/9339
5 Squashcourts, 4 Tennisplätze, Fitneß-Studio, Sauna, Bistro.

Minigolf
Weinbergstr., 91710 Gunzenhausen, Tel. 09831/9350
Öffnungszeiten: Mai–Sept. 14–21 Uhr, Okt. nur So.
Eintritt: Erw DM 4,–, Jugendl. DM 3,–

Ballonfahrten
San-Aktiv-Tours, Nürnberger Str. 48, 91710 Gunzenhausen, Tel. 09831/4936, Fax 5933

Flugsport/Rundflüge
Flugplatz Reutberg, 91710 Gunzenhausen, Tel. 09831/2728
Ein 15-Minuten-Rundflug kostet bei der Flugsportvereinigung „Gelbe Bürg" DM 30,– pro Person.

Glockenturm der Sparkasse

Zur Quelle

Der unberührte und verträumte Alt-
mühloberlauf ist landschaftlich vielleicht nicht so spektakulär wie das
enge Tal ab Treuchtlingen, aber
kaum weniger reizvoll.

Ein Radwanderweg führt bis an
die Quelle östlich von Rothenburg
ob der Tauber. Etwa 65 Kilometer
sind es einfach. Für Radler bietet
sich die Rückfahrt per Bahn an.
(S. 15). Als Ausgangspunkte eignen
sich die Bahnhöfe Muhr am See und
Gunzenhausen. Beginn des Rad-
wanderwegs ist in Ornbau, die
Strecke dorthin ist ab Seite 28 be-
schrieben. Radler können die Tour
auch in Rothenburg oder am Bahnhof Steinach beginnen, dann er-
spart man sich den Anstieg auf die
Frankenhöhe.

Beste Zeit
Radler sollten die Hauptverkehrs-
zeit meiden, da zum Teil Landstraßen befahren werden.

Anfahrt
Siehe Karte auf der vorderen Innenumschlagseite. Von Ornbau aus
führt der Weg zunächst nach
Großenried. Nach einem Abstecher
nach Sommersdorf geht es weiter
über Thann nach Herrieden, der ersten größeren Station. Über Neun-
stetten, Leutershausen und Colmberg nähern wir uns dann der Altmühlquelle in Hornau.

Dauer
Einen ganzen Tag.

Sommersdorf
Der Ort liegt nicht direkt an der
Route, sondern zwei Kilometer öst-
lich von Großenried auf der anderen
Flußseite. Der Ort gehörte wahr-
scheinlich zu den ehemaligen Besit-
zungen des Benediktinerklosters
Herrieden.

Die heute noch erhaltene Wasserburg dürfte auf die Jahre um 1400
zurückgehen. Seit 1549 ist das
Schloß Sommersdorf im Besitz der
Freiherren von Crailsheim und wird
von ihnen bewohnt. Eine Besichti-
gung im Inneren ist nicht möglich.

Herrieden
Erste größere Station ist Herrieden.
Mit seiner mehr als 1.200-jährigen
Geschichte steht Herrieden in einer
Reihe mit bayerischen Städten wie
Würzburg, Augsburg oder Ansbach.
782 wurde das **Kloster Herrieden**
durch den Abt Deocar gegründet,
Königsbote und Vertrauter von Karl
dem Großen. Herrieden fällt später
an das Bistum Eichstätt.

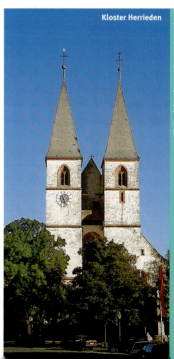

Kloster Herrieden

Ein Teil der Stadtbefestigung, der **Storchenturm**, ist heute das Wahrzeichen Herriedens. Die Brücke über die Altmühl, auf die man durch den Storchenturm gelangt, ist das älteste in Mittelfranken (836) erwähnte Brückenbauwerk.

Unübersehbar überragen die Türme der **Stiftskirche St. Vitus** und von **St. Deocar** die historische Altstadt. Die Kirche wurde 1071 geweiht. Aus der Mitte des 18. Jahrhunderts stammt die Innenausstattung.

Bei einem Rundgang sollten die Gäßchen mit ihren idyllischen Winkeln und herausgeputzten Fachwerkhäuschen nicht ausgespart werden. Bemerkenswert sind die vielen auch heute noch „amtlich" genutzten eindrucksvollen Gebäude aus dem 19. Jahrhundert.

Service und Adressen

Stadt Herrieden
Herrnhof 10, 91567 Herrieden,
Tel. 09825/808-0, Fax -30

Hotel-Restaurant „Zur Sonne"
Vordere Gasse 5, 91576 Herrieden,
Tel. 09825/9246-0, Fax. -21,
ab DM 55,–, Fr. Ruhetag
Alteingesessenes Haus in der Ortsmitte.

Landgasthof „Zum Bergwirt"
Schernberg 1, 91567 Herrieden,
Tel. 09825/8469, Fax. 4925,
Ü/F ab DM 47,–
Etwas außerhalb Richtung Autobahn,
beliebtes Tagungslokal.

Gasthaus Limbacher
Vordere Gasse 34, 91567 Herrieden,
Tel. 09825/5373, Mo. Ruhetag
Eine der besten Speiseadressen im
Landkreis Ansbach.

Beheiztes Freibad
Auskunft 09825/80840
Öffnungszeiten: Mai-Aug. 8–18 Uhr
Herrieden verfügt über ein modernes,
beheiztes Freibad. Außerdem gibt es ein
kleines Hallenbad.

Erster Motorflieger der Welt

Bevor man das historische Städtchen Leutershausen durch das Untere Tor betritt, richtet sich das Augenmerk auf ein unübersehbares Denkmal am Rande des Kirchweihplatzes (parken).

Die hohe Säule des Denkmals (siehe rechte Seite) wird von einer Flugmaschine im Maßstab 1:1 gekrönt, dem Flugmodell Nr. 21, das wie ein Zwitter aus Schiff und Vogel wirkt. Das Denkmal wurde dem berühmtesten Sohn der Stadt Leutershausen gesetzt, dem in Leutershausen 1874 geborenen Gustav Albin Weißkopf.

Er ist nach seiner Auswanderung nach Amerika 1901 als erster Mensch mit eben jenem motorisierten Flugapparat geflogen. Das zu beweisen, hat sich eine in der Stadt ansässige Forschungsgemeinschaft verschrieben.

Denn Weißkopf gebühre vor den amerikanischen Gebrüdern Wright die Anerkennung als erster Motorflieger. Im **Flugpionier Gustav Weißkopf Museum** (Altes Landgericht) versuchen die Forscher, die Leistung des Flugpioniers zu dokumentieren. Zu sehen sind unter anderem Originalfotos von Weißkopfs Flugversuchen. Ausgestellt ist auch ein Originalnachbau des legendären Modell 21, mit dem die Forschungsgemeinschaft 1997 in Tests bewiesen hat, daß der Apparat flugtauglich ist.

Öffnungszeiten: Ostern–Okt. tägl. a. Sa. 10–12 Uhr, Mi. u. So 14–16 Uhr, o. n.V. 09823/951-0

Weißkopf-Denkmal

Neunstetten

Schon von weitem sichtbar ist das markanteste Bauwerk: Die **Wehrkirche** aus dem 15. Jahrhundert. Der Kirchturm ist gedeckt mit glasierten bunten Ziegeln.

Leutershausen

Mit seiner Stadtbefestigung aus dem Mittelalter ist Leutershausen ein sehenswertes Städtchen am Oberlauf der Altmühl. Weitgehend erhalten ist der **historische Stadtkern** mit zwei Stadttürmen und der Stadtmauer. Auf dem Marktplatz vor dem Rathaus (70er Jahre) steht der **Röhrenbrunnen** aus dem 19. Jahr-

Wer mehr Zeit mitbringt, für den bieten sich Abstecher an: Zum **Wasserschloß Rammersdorf** rund drei Kilometer außerhalb von Leutershausen (de Gabrieli, 1715). Im Ortsteil Jochsberg das sehenswertes Kirchlein **St. Mauritius** mit Grablege des Geschlechts der Seckendorff. Einmaliges restauriertes Sandsteinportal.

hundert. Die **Stadtkirche St. Peter** ist gotischen Ursprungs.

Service und Adressen
Stadt Leutershausen
Am Markt 1–3, 91578 Leutershausen,
Tel. 09823/951-0, Fax -50

Bad im Fluß
In unmittelbarer Nachbarschaft zur historischen Stadtmauer betreibt ein rühriger Verein an der Altmühl eines der letzten Flußbäder in Franken. Es ist ein besonderes Erlebnis, an einem heißen Hochsommertag bei einem Bad in der „chlorfreien" Altmühl Erfrischung zu suchen. Es gibt auch einen Kiosk und eine Minigolfbahn. Geöffnet ist das Flußbad die ganze Saison über, wenn das Wetter Badespaß erlaubt.

Gasthof-Pension „Neue Post"
Mühlweg 1, 91578 Leutershausen
Tel. 09823/8911, Fax 8268,
Ü/F ab DM 35,–
Kinderfreundliches Haus, Radfahrer willkommen.

Ferienwohnungen „Thomasmühle"
Rammersdorfer Str. 3, 91578 Leutershausen, Tel. 09823/911-00, Fax -02
Neue Ferienwohnungen in einer 250 Jahre alten Wassermühle. Umfangreiches Freizeitangebot vom Angeln bis zum Brotbackkurs. Wohnungen von 30–70 qm ab DM 399,– pro Woche.

Colmberg

Die mächtige **Hohenzollernburg** dominiert weithin sichtbar auf einem
Bergkegel im Oberen Altmühltal die
Marktgemeinde Colmberg. Die Geschichte des Orts geht zurück bis
auf das Jahr 1000. Im Jahre 1880
ging die Burg in Privatbesitz über.
Die Burg gehörte bis zum Jahr 1964
dem letzten kaiserlichen Konsul in
Japan.

Heute ist die Burg ein Hotel-Restaurant mit zahlreichen historischen Räumen. Auch wer hier nicht
einkehren will, sollte sie besuchen
und von der Burgmauer einen Blick
in das weite Altmühltal werfen. Unterhalb der Burg gibt es einen schönen, am Waldrand gelegenen Badeweiher.

Markt Colmberg
Am Markt 1, 91598 Colmberg,
Tel. 09803/941-55, Fax -53

Burg Hotel Colmberg
Burg Colmberg 1–3, 91598 Colm-
berg, Tel. 09803/91920, Fax 262,
Ü/F ab DM 75,–
Wohnen und speisen wie die Ritter
in historischen, aber modernen
Räumlichkeiten. Es gibt einen 9-
Loch-Golfplatz sowie Biergarten.

Zur „Altmühlquelle"

Einmal nach Colmberg gelangt,
steht der Ausflügler entlang der Altmühl vor einer weiteren Frage: „Soll
der Ausflug durch einen Besuch an
der Quelle des Flüßchens gekrönt
werden?"

Rund 13 Kilometer sind es bis
zum Örtchen Hornau, dem Ursprung
der Altmühl.

Doch Achtung: Am Ursprung der
Altmühl darf keine vielleicht sogar
schon gefaßte Quelle erwartet werden. Ein ganz unspektakulärer Weiher, der „Hornauer Weiher", ist es,

Burg Hotel Colmberg

Colmberg

in den kleine Bächlein fließen und dessen Auslauf die Altmühl speist.

Aber immerhin: Hier trifft man nicht auf die Masse der Touristen, die meist nicht von sich behaupten kann, die „Altmühl-Quelle" gesehen zu haben.

Nach Rothenburg

Wer noch Zeit hat, sollte es nicht versäumen, die weltweit bekannteste deutsche Mittelalterstadt Rothenburg zu besuchen.

Von Colmberg aus führt die Staatsstraße direkt in diese Stadt, die einem einzigen großen Freilichtmuseum gleicht. Mit dem Auto sind es nur ein paar Minuten.

Aber Vorsicht: Zu glauben, vom einmaligen Flair dieser Stadt könne man im Stil „Europa in zwei Tagen" in ein oder zwei Stunden etwas mit nach Hause nehmen, ist ein Irrtum.

Einen halben oder besser einen ganzen Tag sollte sich der Besucher schon Zeit nehmen, um Rothenburgs Atmosphäre genießen zu können.

Landgasthof Lebert
Schloßstr. 8, 91635 Windelsbach,
Tel. 09867/9570, Fax 9567
Ü/F DZ 2 Pers. DM 87,–
Kleines, gemütliches Restaurant.

Nach Norden

Dem Mittelalter und weiteren Spuren der Ansbacher Markgrafen begegnen wir, wenn wir von Gunzenhausen Richtung Norden aufbrechen. Für diese Tour nehmen wir das erste Stück die B 13 Richtung Ansbach. Es lohnt sich aber, die Hauptstraße bald zu verlassen.

↓ Anfahrt

Wir entfernen uns vom touristischen Seenland, und damit wird auch die Infrastruktur für Radler schlechter. Familien nehmen deshalb lieber das Auto.

Merkendorf

Stadt Merkendorf, Marktplatz 1, 91732 Merkendorf, Tel. 09826/650-0, Fax 255

Erste Station ist Merkendorf. 1398 wurde dem Ort, der erstmals 1100 urkundlich erwähnt wird, von Kaiser Wenzel die Erlaubnis erteilt, eine Befestigung zu errichten und die Stadtrechte zu führen. Vom 14. bis 16. Jahrhundert wurde eine im Aufriß fast quadratische Stadtmauer mit acht Türmchen errichtet. Die Verteidigungsanlagen wurden so gut ausgeführt, daß sie noch heute erhalten sind.

Ein Bombenangriff am Ende des 2. Weltkrieges richtete starke Schäden an. Fast völlig zerstört wurde die Liebfrauenkirche, die heutige **Stadtkirche**, in der Stadtmitte. Das Gotteshaus wurde in veränderter Form aber wiederaufgebaut.

Zu den Sehenswürdigkeiten zählt das **Rathaus** mit seinem reliefgeschmückten Südgiebel aus dem 15. und 16. Jahrhundert. Der **Krautbrunnen** vor dem Rathaus mit seinen Bronzefiguren erinnert an die Bedeutung des Kohl-Anbaus bis ins 20. Jahrhundert hinein. In Merkendorf gibt es ein Naturfreibad.

Von Merkendorf bietet sich ein Abstecher nach Triesdorf an, bevor wir der ausgeschilderten Straße nach Wolframs-Eschenbach folgen.

Weidenbach/Triesdorf

Gemeinde Weidenbach, Triesdorfer Str. 8, 91746 Weidenbach, Tel. 09826/62 20-0, Fax -20

Nahtlos gehen Weidenbach und Triesdorf ineinander über. Zusammen mit seinem Ortsteil Triesdorf ist Weidenbach eine der Gemeinden in Mittelfranken, die am augenfälligsten vom Einfluß der Markgrafen aus Ansbach geprägt sind. Das alles überragende Bauwerk in Weidenbach ist die neu renovierte **Markgrafenhofkirche** aus dem Jahr 1736.

Triesdorf war die Sommerresidenz der Markgrafen von Ansbach. Das Ensemble der historischen Bau-

Weißes Schloß, Triesdorf

werke aus dieser Zeit ist eine sehenswerte Rarität. Rund 30 Minuten dauert ein kleiner Rundgang unter schattenspendenden Alleebäumen, den man am besten bei dem ehemaligen Marstallhof mit seinen zahlreichen Wirtschaftsgebäuden beginnt. Der beschilderte Fußweg führt vorbei am **Weißen Schloß** (1682), am **Roten Schloß** (1730) und anderen historischen Bauten.

Interessant an der Geschichte von Triesdorf, die bereits 1282 begann, ist, daß die Markgrafen hier nicht einen zentralen Prunkbau errichten ließen, sondern viele kleine schmucke Bauten entstanden.

Bedeutung weit über die Grenzen Mittelfrankens hinaus hat Triesdorf heute als landwirtschaftliches Bildungszentrum. Dazu gehört auch eine Fachhochschulabteilung (Landwirtschaft, Umweltsicherung) mit mehreren hundert Studenten.

Wolframs-Eschenbach

Zu Ehren des größten deutschen Dichters des Mittelalters und Minnesängers, Wolfram von Eschenbach, wurde der auf das Jahr 1057 zurückgehenden Stadt 1917 ihr heutiger Name gegeben. Der Dichter des „Parzival" lebte von 1170 bis 1220 im damaligen „Eschenbach".

Als er im 19. Jahrhundert Eschenbach beschrieb, kam der Kunsthistoriker Georg Dehio ins Schwelgen: „Als Ganzes gibt Eschenbach das Bild einer Stadt kleinsten Formats in einer Unberührtheit und mit einem historischen Stimmungswert wieder, wie sie ganz selten noch gefunden werden."

Bis heute hat diese Beschreibung ihre Gültigkeit. Ins Mittelalter fühlt sich versetzt, wer die Stadt mit ihrem vollständig erhaltenen Mauerring durch eines ihrer beiden Tore

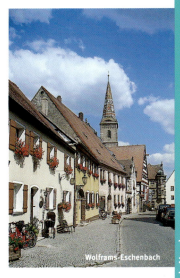
Wolframs-Eschenbach

betritt. Auf Schritt und Tritt stößt der Besucher auf die Spuren des 1190 im Heiligen Land von Kreuzrittern gegründeten Deutschen Ordens.

Mehr als 600 Jahre herrschte der Orden in Eschenbach. Vom Reichtum des Ordens, der um 1220 in dem 1332 zur Stadt erhobenen Eschenbach Fuß faßte, und der Bedeu-

Denkmal

Deutschordensschloß

Das Museum Wolfram von Eschenbach

Das noch junge Museum im Zehentstadel am Marktplatz unternimmt den Versuch, unter der Fragestellung „Kann man Literatur ausstellen?" durch szenische Inszenierungen das Werk und Leben des Dichters aus dem Mittelalter zu zeigen.

Öffnungszeiten: Di.–So. 14–17 Uhr u. So. 10.30–12 Uhr; Nov.–März Sa. u. So. 13–16 Uhr

tung der Stadt als weltliches und religiöses Zentrum der Region künden die zahlreichen imposanten Sandstein- und Fachwerkbauten: Die **alte Vogtei** (1430), das **Pfründehaus** (1410), das **Hohe Haus** (1439), das **Alte Rathaus** (1684), das **Deutschordensschloß** (1632) und die **Fürstenherberge** (1608).

Überragt werden alle diese historischen Schmuckstücke von der Kirche **Mariae Himmelfahrt** (13. Jh.) mit ihrem Kirchturm, der mit weithin leuchtenden glasierten Ziegeln gedeckt ist. Eine Seltenheit in Deutschland ist das dreischiffige Langhaus.

Die Herrschaft des Deutschen Ordens in Eschenbach ging 1796 mit der Besetzung durch die Preußen zu Ende. 1806 erfolgte der Anschluß an Bayern, der Orden wurde säkularisiert. Dem Minnesänger und Dichter Wolfram von Eschenbach wurde 1861 auf dem Marktplatz ein Denkmal gesetzt.

Service und Adressen

Stadt Wolframs-Eschenbach
Wolfram-von Eschenbach-Platz 1,
91639 Wolfram-Eschenbach,
Tel. 09875/9755-0, Fax -97

Gasthof Alte Vogtei
Hauptstr. 21, 91639 Wolframs-Eschenbach, Tel. 09875/9700-0, Fax. -70, Ü/F DM 55,–, Mo. Ruhetag
Mit viel Liebe zum Detail unter Bewahrung alter Substanz (1430) hat das erste Haus am Platz fast Museumscharakter.

Gasthof Sonne
Richard-Wagner-Straße 2, 91639 Wolframs-Eschenbach, Tel 09875/9797-0, Fax -77, Ü/F ab DM 44,–

Hotel-Pension Seitz
Duchselgasse 1/3, 91639 Wolframs-Eschenbach, Tel 09875/9790-0, Fax -40, Ü/F ab DM 44,–

Ferienhaus Stellwag
Schlegelgasse 14a, 91639 Wolframs-Eschenbach, Tel 09875/9752-0, Fax -55
Neue Apartementanlage mit Schwimmbad, Konferenzeinrichtung und Internetanschluß. Ab DM 98,– pro Tag.

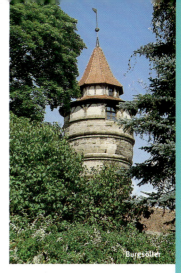
Burgsöller

Lichtenau

Markt Lichtenau, Ansbacher Str. 11,
91586 Lichtenau,
Tel. 09827/9211-0, Fax -33

Zum Verwechseln ähnlich denen der Nürnberger Burg sind die Türme der Burganlage, die das Ortsbild prägt. Die Ähnlichkeit kommt nicht von ungefähr. Lichtenau gehörte von 1405 bis 1806 zur Reichsstadt Nürnberg. Die eigentliche Burg ist umgeben von einer mächtigen, fünfeckigen Zitadelle und zweistöckigen Kasematten mit Ecktürmen. Die Burg kann nicht besichtigt werden. In der Festungsanlage befindet sich ein Teil des bayerischen Staatsarchivs. Allerdings kann der Wehrgang auf der Zitadelle rundum begangen werden.

Eckbastion Festung

Ansbach

Ansbach ist zwar nicht die größte, aber aus Sicht der zahlenmäßig stark vertretenen Gruppe der Beamten die wichtigste Stadt Mittelfrankens. Hier sitzt die regionale Dependance der bayerischen Staatsregierung, weitere mittelfränkische Zentralbehörden sorgen für eine überdurchschnittliche Zahl von Präsidenten in den Mauern der 40.000-Einwohner-Stadt.

Sie residieren nicht selten in einem der vielen Barockbauten, die Ansbach noch heute prägen. 500 Jahre Hohenzollernherrschaft haben die Stadt bis zum Wechsel an Preußen und später Bayern genauso geprägt wie der fränkische Protestantismus.

Aber Ansbach ist nicht nur Rokoko und Bachwoche, die alle zwei Jahre stattfindet, in den letzten Jahren hat sich die ehemalige Garnisonsstadt zu einem Kultur- und Dienstleistungszentrum in der Region gemausert.

Information

Amt für Kultur und Touristik
Postfach 607, 91522 Ansbach,
Tel. 0981/51-243, Fax -365,
http://www.ansbach.de/
Die Tourist-Information befindet sich im Erdgeschoß des Stadthauses (zwischen Martin-Luther- und Johann-Sebastian-Bach-Platz). Angeboten werden neben Stadtprospekten auch allgemeine und themenorientierte (z.B. Kaspar Hauser) Stadtführungen.

Geschichte
Das einstige Onolzbach, benannt nach einem Siedler namens Onold,

Highlights

1. Schloßplatz
2. Residenz
3. Simon Marius Denkmal
4. Markgräfliches Gästehaus
5. Nennichshof
6. Kronenhof
7. Beringershof
8. Kirche St. Gumbertus
9. Hofkanzlei
10. Stadthaus
11. Kirche St. Johannis
12. Markgrafenmuseum
13. Herberge zur Heimat
14. Geburtshaus Graf von Platen-Hallermünde
15. Kaspar-Hauser-Denkmal
16. Gymnasium Carolinum
17. Synagoge
18. Herrieder Tor
19. Posthalterei
20. Karlsplatz
21. Orangerie
22. Kaspar-Hauser-Gedenkstein

wurde 748 Sitz eines Klosters. 1331 erwarben die Hohenzollern die Rechte an Stadt und Stift, 125 Jahre später machte sie Kurfürst Albrecht Achilles zur Residenz. 1792 kamen für kurze Zeit die Preußen, seit 1806 gehört die Stadt zu Bayern.

Das heutige Stadtbild entstand maßgeblich unter Markgräfin Christiane Charlotte und ihrem Sohn Carl Wilhelm Friedrich (1729–1757). Viele Fachwerkhäuser wurden barockisiert, andere Bauten entstanden in der Zeit des historisch nicht unumstrittenen „Wilden Markgrafen".

Stadtrundgang
⬇

Anfahrt
Parkplätze für Dauerparker gibt es an den Rändern der City auf der Inselwiese (Wegweisung Park-Plätze

Orangerie), in den Rezatauen sowie in den Parkhäusern am Mühlbach (Nähe Herrieder Tor) und am Bahnhof südlich der Gleise. Fußweg vom Bahnhof in die Altstadt ca. 5 Minuten.

Dauer
Ein Rundgang ohne lange Aufenthalte dauert etwa 1,5 Stunden.

Schloßplatz ❶
Die erste Begegnung in Ansbach ist tierisch. Mitten auf dem Schloßplatz steht „Anscavallo" aus der Werkstatt des Freiburger Bildhauers Jürgen Goertz.

Das Pferd mit den drei Augen soll an die Reitertradition Ansbachs erinnern und gleichzeitig Symbol des Fortschritts sein. Aus der gleichen Werkstatt stammen die Buswarte-

Residenz

häuschen und der Brunnen mit der „Ansbacchantin", eine Amazone, die beim Wein das Leben genießt. Die Räder auf der Plastik sind ein Hinweis auf den zwischen Platz und Residenz unermüdlich brausenden Verkehr.

Der Bronzegaul hat in der Stadt nicht nur Freunde, zumal er seinen „Mist" direkt zu Füßen der Regierung von Mittelfranken und des Verwaltungsgerichts hinterläßt.

Residenz ❷
Öffnungszeiten: Di.–So. 9–12 Uhr u. 14–17 Uhr (im Winter 10–12 Uhr u. 14–16 Uhr), Führungen zu jeder vollen Stunde
In der ehemaligen markgräflichen Residenz wird immer noch regiert.

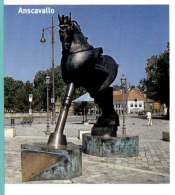
Anscavallo

Das Schloß ist heute Sitz der Regierung von Mittelfranken.

Zugänglich sind 27 Prunkräume, darunter der Festsaal, das Spiegelkabinett und ein Kachelsaal mit 2.800 Fliesen aus der Ansbacher Fayencenmanufaktur. In der Residenz befindet sich auch die Bayerische Staatssammlung „Ansbacher Fayence und Porzellan".

Gideon Bacher machte aus der früheren Wasserburg im 16. Jahrhundert ein prunkvolles Renaissanceschloß. Gabriel de Gabrieli (Innenhof und Hauptfassade), Karl Friedrich von Zocha und Leopoldo Retty (Innenräume) gaben ihm das heutige Aussehen.

An der Residenz vorbei geht es rechts in die Altstadt. Unmittelbar hinter dem Schloßtor erinnert rechts ein **Denkmal** ❸ an den Ansbacher Hofgastronom Simon Marius, der 1609 von der Residenz aus die Jupitermonde entdeckte.

Beim Gang über den Johann-Sebastian-Bach-Platz fällt der Blick unweigerlich auf das Eckhaus, das ehemalige **Markgräfliche Gästehaus** (Gideon Bacher) ❹.

Im weiteren Verlauf des Platzes Richtung Gumbertuskirche lohnt ein Blick hinter die Fassaden in den **Nennichshof** ❺ (Johann-Sebastian-Bach-Platz 7, wochentags offen),

Kronenhof 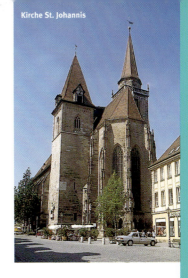 (Johann-Sebastian-Bach-Platz 20, wochentags offen) und **Beringershof** ◆.

Am Treppenturm des Kronenhofes ist eine Hochwassermarke angebracht, die an ein Unwetter 1732 erinnert. Der Beringershof war einst Innenhof der Stiftsküsterei.

St. Gumbertus ❽

Öffnungszeiten Gruft: Sommer Fr.–So. 15–17 Uhr, So. 11–12 Uhr

Die dazugehörige ehemalige Kirche steht gleich nebenan. St. Gumbertus ist eine barocke Saalkirche mit gotischen Anbauten. Eine Tür hinter dem Altar führt in die **Schwanenritterkapelle** mit Epitaphen und Totenschilden des von Markgraf Albrecht Achilles gegründeten Schwanenritterordens. Darunter befindet sich die Markgrafengruft mit 25 Sarkophagen.

Hinter der Kirche die ehemalige **Hofkanzlei** ◆ (heute Verwaltungsgerichtshof) , in der Pfarrstraße 18, die erste Begegnung mit **Kaspar Hauser**, dessen Leben eng mit Ansbach verbunden war. Hier beim Lehrer Meyer wohnte er, und hier starb er 1833.

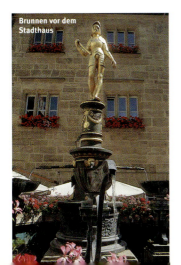

Brunnen vor dem Stadthaus

Kirche St. Johannis

Stadthaus ❿

Vor dem Gang auf den Martin-Luther-Platz liegt das Stadthaus (16. Jh.), heute Residenz des Oberbürgermeisters und des Stadtrates. Im Erdgeschoß ist das **Amt für Kultur und Touristik** untergebracht. Davor steht der **Markgraf-Georg-Brunnen**. Das Stadthaus im Rücken fällt links der Blick auf das ehemalige Rathaus, rechts ein Palais von Hofbaumeister Gabriel de Gabrieli.

St. Johannis ⓫

Dominantes Bauwerk des Platzes ist die Kirche St. Johannis mit ihrer dreischiffigen Staffelhalle aus dem 15. Jahrhundert. An der Außenwand zum Martin-Luther-Platz erinnert das **Güllbrünnlein** an den Dichter Friedrich Wilhelm Güll (1812–1879), der im Haus gegenüber geboren wurde.

Markgrafenmuseum ⓬

Schaitbergerstr. 14
Öffnungszeiten: Di.–So. 10–12 Uhr u. 14–17 Uhr

Das historische Gebäude mit Stadtmauer und Treppenturm beherbergt

Sammlungen zur Ansbacher Markgrafengeschichte und viele Ausstellungsstücke zum Leben Kaspar Hausers, einschließlich des blutbefleckten Hemdes, das er an seinem Todestag trug.

Der Rückweg über Storchenplatz und Schaitbergerstraße führt vorbei an schön sanierten Häusern, darunter auch die **Herberge zur Heimat,** eine für die Sanierung preisgekrönte Obdachlosenunterkunft ⓭. Wir überqueren den Martin-Luther-Platz, gehen ein Stück die Büttenstraße hinauf und biegen dann links ab in den Bonhoeffer-Hof. Wir überqueren ihn, gehen die Rosenstraße links hinunter zum Platz zurück. Die Platenstraße geht es wieder rechts hinein. Im Haus Nummer 17 ⓮ wurde der **Dichter August Graf von Platen-Hallermünde** 1796 geboren.

Am Ende der Straße steht vor dem ehemaligen Logenhaus (Gabriel de Gabrieli), das 1981 geschaffene **Kaspar-Hauser-Denkmal** ⓯: Es zeigt ihn, wie er 1828 in Nürnberg auftauchte, und als jungen Edelmann in Ansbach.

Der mächtige Bau schräg gegenüber ist das **Gymnasium Carolinum** ⓰, die gelungene Synthese eines

Baus von Carl Friedrich von Zocha aus dem 18. Jahrhundert und einer Glas-Metall-Konstruktion des ausgehenden 20. Jahrhunderts. Auch der zur ehemaligen Stadtbefestigung gehörende Turm der Schule wuchs auf diese Weise um einige Meter.

Synagoge ⓱

Beim Blick auf die ehemalige Synagoge in der Rosenbadstraße wird klar, warum sie als eine der wenigen jüdischen Kultstätten in Süddeutschland die Progrome in der Zeit des Nationalsozialismus überstand: Aus Angst, die Flammen könnten auf die enge Altstadt übergreifen, wurde sie sofort gelöscht.

Herrieder Tor ⓲

Unübersehbar ist das zweite Wahrzeichen der Stadt, das Herrieder Tor (Johann David Steingruber, 1750), dessen Unterbau aus dem 15. Jahrhundert stammt. Auf der anderen Seite des Torbogens angekommen, fällt der Blick auf die **Steinerne Promenade,** mit einer markanten Häuserzeile (links) aus dem 18. Jahrhundert. Das Tor ist – mit den benachbarten Gebäuden auf der Promenadenseite – eines der wichtigsten barocken Bauensembles der Stadt.

Wir setzen den Rundgang in der Fußgängerzone fort und gehen in die Neustadt. Das nach den Plänen von Gabriel de Gabrieli gebaute Haus Nummer 4 war einst die **Posthalterei** ⓳. Der Hof ist zugänglich. Der heutige Eigentümer, ein Antiqutätenhändler, hat ihn „postalisch" hergerichtet.

An der nächsten Gelegenheit verlassen wir die Neustadt durch das **Neue Tor,** überqueren die Promenade und gehen Richtung Bahnhof bis zum Karlsplatz.

Herrieder Tor

Orangerie

Karlsplatz

Auffälligster Bau ist die katholische **Ludwigskirche** aus dem 19. Jahrhundert. Gegenüber befindet sich die **Karlshalle**. Der ehemalige Betsaal ist heute Teil des Städtischen Kulturzentrums.

Orangerie

Vom Karlsplatz geht es über die Karolinenstraße in den **Hofgarten**. Am Springbrunnen gehen wir nach links und laufen direkt auf die Orangerie zu. Carl Friedrich von Zocha baute sie 1726 bis 1728 nach französischen Vorbildern.

Die Südseite ist dem Grand Trianon von Versailles nachempfunden, die Nordseite zur Residenzstraße hin den Kolonnaden des Louvre. Heute ist die Orangerie Tagungs- und Konzertsaal.

Kaspar-Hauser-Denkmal

Erbprinz oder Hochstapler

War er der Erbprinz von Baden oder ein dreister Hochstapler? Das Faszinierende an Kaspar Hauser ist seine ungeklärte Herkunft. 1828 war er in Nürnberg aufgetaucht, dann nach Ansbach gekommen und hier 1833 ermordet worden.

Ein bekanntes Hamburger Nachrichtenmagazin schnippelte an der blutigen Unterwäsche Hausers herum, um Monate später nach einer Genanalyse zu verkünden, er sei nicht der Erbprinz, für den ihn die eine Fraktion der Hauser-Forscher hält.

Das hat manchen in der Stadt enttäuscht, das Rätsel aber auch nicht lösen können. Das Amt für Kultur und Touristik schickt ihre Stadtführer regelmäßig auf die Spuren Hausers in Ansbach.

Kaspar-Hauser-Gedenkstein

Halten Sie sich vor der Orangerie rechts, kommen Sie zum Kaspar-Hauser-Gedenkstein, der an der Stelle steht, an der Hauser am 14. Dezember 1833 erstochen wurde: Die Übersetzung der lateinischen Inschrift „Hic occultus occulto occisus est": Hier wurde ein Geheimnisvoller geheimnisvollerweise getötet.

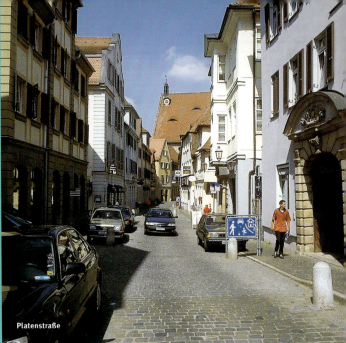

Platenstraße

Bummeln statt Exerzieren

Die alte Garnisonsstadt Ansbach war nach dem Krieg wichtiger Stützpunkt der amerikanischen Streitkräfte in Deutschland. Bis zu 10.000 US-Soldaten beherbergten die fünf Kasernen in und um die Stadt.

Die städtischen Militärunterkünfte sind größtenteils geräumt und die Umwidmung der ehemaligen Hindenburgkaserne gilt heute als Vorbild. Auf dem Exerzierplatz vertreiben sich die Studenten einer neuen Fachhochschule die Zeit zwischen Seminaren und Vorlesungen. Auf dem Gelände der früheren Fahrzeughallen steht ein großes Einkaufszentrum. Das **Brücken-Center** ist über eine Fußgängerbrücke mit der Altstadt verbunden.

Service und Adressen

Altdeutsche Bierstube
Schalkhäuser Str. 8, 91522 Ansbach,
Tel. 0981/13414, Mo. u. So. abend Ruhetag
Das beste Preis-Leistungs-Verhältnis in der Stadt.: Tagesgericht unter 10 Mark. Von der Karte ist es etwas teurer, aber mit Phantasie und Pfiff.

Weinberg
Weinberg 28, 91522 Ansbach,
Tel. 0981/86190, Mo. u Di. Ruhetag
Hier an der Kante des Südhangs über der Stadt scharren die Hühner noch im Kies. Es ist mit Abstand der schönste und preiswerteste Biergarten. **Anfahrt:** Stadt Richtung Neustadt/Aisch verlassen, in Höhe des Krankenhauses rechts ab in das Neubaugebiet auf dem Weinbergplateau. Vor der Abfahrt in den Ortsteil Hennenbach liegt die Gaststätte rechterhand an der Plateaukante.

Eugens Weinstube
Pfarrstr. 35, 91522 Ansbach,
Tel. 0981/94747
Eigentlich ist Eugen Berberich Fotograf,

im Nebenberuf ist er Wirt. Sein uriges Lokal schließt sich direkt an sein Studio hinter der Gumbertuskirche an.

Zum Mohren
Pfarrstr. 9, 91522 Ansbach
Leider kann das Essen mit dem Ambiente (ein Stück Stadtmauer steht im Gastraum) und dem schönen Biergarten nicht mithalten.

Schwarzer Bock
Pfarrstr. 31, 91522 Ansbach,
Tel. 0981/95111, Fax 95490,
Ü/F ab DM 70,–
Für Feinschmecker ist der Schwarze Bock erste Adresse in der Stadt.

Hotel Bürger-Palais
Neustadt 48, 91522 Ansbach,
Tel. 0981/95131, Fax 95600,
Ü/F ab DM 100,–
Die fränkische Bratwurststube im Haus beherbergt einen sehr guten und nicht zu teuren Italiener. Das plüschige Café nebenan ist Treffpunkt nicht nur für Hausgäste. Der Biergarten zur Promenade ist zudem eines der schönsten Fleckchen in der Innenstadt.

Hotel Am Drechselsgarten
Am Drechselsgarten 1, 91522 Ansbach,
Tel. 0981/8902-0, Fax -605,
Ü/F ab DM 110,–
Nicht in, sondern über der Stadt befindet sich dieses Hotel der gehobenen Katego-

rie. Entsprechend schön ist der Ausblick von hier oben.

Hotel Platengarten
Promenade 30, 91522 Ansbach,
Tel. 0981/5611, Fax 5610, Ü/F ab DM 70,– (ab DM 35,– o. DU/WC)
Vis-à-vis der Residenz und neben der Orangerie ist der Platengarten eine gute Alternative zu den beiden vorgenannten Top-Adressen. Auch die Küche kann mithalten.

Gasthof Kaeßer
Brodswinden 23, 91522 Ansbach,
Tel. 0981/97018-0, Fax -50,
Ü/F ab DM 59,–
Wenn's nicht unbedingt Stadt sein muß. Der Ortsteil Brodswinden liegt zwischen der BAB-Ausfahrt Ansbach-Mitte und der Stadt.

Gasthof Rangau
Laurentiusstr. 5, 91522 Ansbach,
Tel. 0981/61551, Fax 4616230,
Ü/F ab DM 60,–
Beliebter Gasthof mit guter heimischer Küche.

Freizeitbad Aquella
Am Stadion 2, Tel. 0981/5757
Öffnungszeiten: Mo.–Fr. 9.30–21.30 Uhr, Sa. u. So. 9.30–20 Uhr (Di.–Sa. für Frühschwimmer ab 7 Uhr)
Ein Freizeit- und Erlebnisbad im neuen Stil. Freibadanlage direkt daneben.

Brücken-Center

Auf den Hahnenkamm

Alte Landstraßen schlängeln sich durch liebliche Täler, Wiesen wechseln mit Wäldern an den Jurahängen. Und mittendrin im **Höhenzug Hahnenkamm** liegt der Markt Heidenheim, am Rand zum Ries der **Hahnenkammsee**.

Der beschriebene rund 40 Kilometer lange Rundweg (siehe Karte auf der vorderen Innenumschlagseite) läßt sich bequem mit dem Auto abfahren oder auch sportlich mit kräftigen Tritten in die Pedale, denn es sind starke Steigungen zu bewältigen. Zu beachten ist, daß fast ausschließlich Straßen benutzt werden, die zwar nicht viel, aber doch befahren werden. Eine Variante: Auf dem Radwanderweg von Hechlingen nach Treuchtlingen und mit der Bahn zurück nach Gunzenhausen fahren.

Anfahrt

Startpunkt des ausgeschilderten Radwegs Gunzenhausen–Hahnenkamm–Ries ist der Festplatz Gunzenhausen. Autofahrer verlassen die B13 bei Aha.

Dauer

Für die Radtour ist wegen der Steigungen ein voller Tag einzuplanen. Auch mit dem Auto sollten Sie etwas Zeit im Gepäck haben.

Aha

Das frühere Fischerdorf besitzt als Schmuckstück eine **Kirche** im sogenannten Markgrafenstil. Gabriel de Gabrieli werden die Pläne für den 1747 erfolgten Umbau zugeschrieben. Sie verlassen den Ort in südliche Richtung, unterqueren die Bahnlinie und halten sich dann links. Nach etwa einem Kilometer geht es rechts ab nach

Sausenhofen

Spuren der Jungsteinzeit, der Römer und Merowinger wurden hier gefunden. Sehenswert ist der Michaelsaltar aus dem 15. Jahrhundert in der

Hahnenkammsee

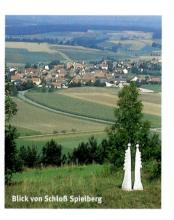
Blick von Schloß Spielberg

neugotischen Pfarrkirche. Am Ortsende Richtung Dittenheim geht es rechts ab nach Sammenheim.

Gasthof „Goldener Adler"
Sausenhofen, 91723 Dittenheim
Idyllischer Dorfgasthof neben der Kirche, so wie man sich ihn vorstellt. Die ehemalige Brauereigaststätte wurde erst jüngst renoviert, aber im Innern so belassen, wie sie war. Die Halbe Bier kostet weniger als drei Mark, und neben den Biertischen auf dem Hof steht der Misthaufen.

Sammenheim
Das schöne Dorf war schon Bundessieger im gleichnamigen Wettbewerb. Die **Kirche** in dem Ort mit vielen **schönen Bauerngärten** wurde 1760 gebaut. In Sammenheim besteht die Möglichkeit, die Route zu variieren und zur „Gelben Bürg" hinaufzufahren (am Ortsende Richtung Dittenheim rechts ab). Der Radweg nach Spielberg verläßt den Ort in südwestliche Richtung.

„Gelbe Bürg"
Seit der Jungsteinzeit war der „Gelbe Berg" besiedelt und befestigt. Kelten und Alemannen haben hier

ihre Spuren hinterlassen. Vieles ist noch geheimnisumwittert und ungeklärt.

Spielberg
Das **Schloß Spielberg** bestimmt weithin die Landschaft, anders herum hat der Besucher von dort einen **herrlichen Ausblick**.

Heidenheim
Im Heidenheimer Münster treffen Sie auf drei Heilige, die Ihnen im Altmühltal noch häufiger begegnen werden: Der erste Eichstätter Bischof, Willibald, Sohn des angelsächsischen Königs Richard, gründete 752 das Kloster und setzte seinen Bruder Wunibald als Abt ein.

Nach dessen Tod betraute Willibald seine Schwester Walburga mit der Leitung. Die Grabkapelle der Äbtissin steht mitten in der heutigen Hallenbasilika des Münsters aus dem 12. Jahrhundert. Ihr Leichnam, dem Wunderwirkungen nachgesagt werden, wurde 871 nach Eichstätt überführt (S. 108). Das Münster ist tagsüber geöffnet, Faltblatt mit Rundgang liegt aus.

Künstler als Schloßherr
Seit 1983 lebt der Bildhauer Ernst Steinacker (geb. 1919 in Wemding) in dem von ihm sorgfältig restaurierten Schloß. Die zugängliche Anlage außerhalb der Mauern ist Dauerausstellungsgelände für seine Skulpturen.

Anders als andere private Schloßbesitzer läßt Steinacker Gäste auch hinein: **Sonntags von 14–16 Uhr** öffnet er das Burgtor zu seiner „Galerie" (Eintritt DM 2,–).

Dorfplatz in Heidenheim

Verwaltungsgem. Hahnenkamm
Ringstr. 12, 91719 Heidenheim,
Tel. 09833/1015, Fax 1797

Heimat- und Hafnermuseum
Ringstr. 8a, 91719 Heidenheim,
Öffnungszeiten: Nach Vereinbarung
unter Tel. 09833/209-241
Vor allem Keramik wird gezeigt, denn die
Hafnerei hat im Ort Tradition. Weitere
Themen: Landleben und Handwerk.

Gasthof „Alte Post"
Marktplatz 7, 91719 Heidenheim,
Tel. 09833/202, Fax 5099,
Ü/F ab DM 38,–, Mi. Ruhetag

Hechlingen am See

Hechlingen hat mehr zu bieten als
nur den Hahnenkammsee. Am Ka-
pellbuck steht, 585 Meter hoch, die
Ruine der **St.-Katharinen-Kapelle**,
Wahrzeichen des Ortes. Am Nord-
hang des Berges mit seiner Trocken-
rasenvegetation hat der Heimatver-
ein einen **alten Bierkeller** hergerichtet. Zwischen See und Hüssingen,
am Geologischen Pfad Nr. 1, wurden
die Reste eines **römischen Bauern-
hofes** restauriert.

Kloster Heidenheim

Steinacker-Skulptur

Hahnenkammsee
Der See ist 25 Hektar groß. Es gibt Parkplätze, Liegewiesen, einen Grillplatz,
Kiosk und einen Bootsverleih. Segeln
und Surfen erlaubt.

Haus des Gastes
Heidenheimer Str.3, 91719 Hechlingen,
Tel. 09833/1685, Fax 5086
Geöffnet: Mo. u. Mi.–Sa. 9.30–11.30 Uhr

Forellenhof
Unterhoferstr. 20, Hechlingen, 91719
Heidenheim, Tel. 09833/705, Fax 5065,
Ü/F ab DM 48,–, Di. Ruhetag
Eigentümlich eingerichteter Hotel-Gast-
hof im malerischen Rohrachtal.

Pension Luise Kehrstephan
Heidenheimer Str. 35, Hechlingen,
91719 Heidenheim,
Tel. 09833/356, Ü/F DM 22,–

Pension Erwin Meyer
Ursheimer Str. 19, Hechlingen, 91719
Heidenheim, Tel. 09833/374,
Ü/F ab DM 22,–

Campingplatz Hasenmühle
91719 Heidenheim-Hechlingen,
Tel. 09833/1696, Fax 95911
Geöffnet: ganzjährig, a. 15. Jan.–28. Feb.
Preise: Erw. DM 7,–, Kind DM 4,–,
Caravan+Auto DM 10,–

Wanderung zur Erdgeschichte
Am Hahnenkammsee beginnt ein
Geologischer Pfad entlang des
Rieskraterrands. Gezeigt werden
die Auswirkungen des Meteori-
teneinschlags vor 15 Millionen
Jahren, der nicht nur das Nördlin-
ger Ries entstehen ließ, sondern
auch das Flußsystem der Region
durcheinanderbrachte. So fließt
die Altmühl heute zwischen
Treuchtlingen und Dollnstein im
Tal des Ur-Mains. Drei Pfade von
6 bis 24 Kilometer sind markiert.
Ein Faltblatt dazu gibt es bei der
Verwaltungsgem. Hahnenkamm
(Adresse siehe links).

Steinerne Rinne

Der Rückweg
Für den Rückweg gibt es zwei Alter-
nativen: ein Besuch der Steinernen
Rinne ist eigentlich ein Muß jedes
Seenland-Besuchs. Am nördlichen
Ortsende zweigt die Landstraße
nach Degersheim ab. Von dort fah-
ren Sie weiter Richtung Meinheim.

Die zweite Möglichkeit ist der
ausgeschilderte Radweg (meist
Wirtschaftswege) nach Treuchtlingen (stündliche Zugverbindung
nach Gunzenhausen). Er beginnt
vis-à-vis des Campingplatzes.

Steinerne Rinne
Das eigenartige Naturschauspiel
liegt oberhalb des Meinheimer Orts-
teils Wolfsbronn am Anstieg zum
Hahnenkamm. Kalkablagerungen
haben einen Damm von bis zu 1,6
Meter Höhe entstehen lassen. Das
natürliche Aquädukt ist rund 130
Meter lang.

Vom Parkplatz an der Straße sind
es nur ein paar Schritte in den Wald.
Die Rinne bei Wolfsbronn ist nicht
die einzige, aber die eindrucksvoll-
ste der Gegend.

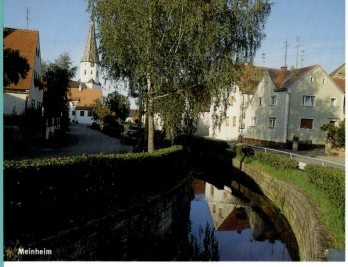

Meinheim

Wolfsbronn

Den kleinen Ort sollte man nicht einfach links liegen lassen. Am Dorfplatz steht ein **witziges Brunnenensemble**.

Gaststätte „Steinerne Rinne"
Wolfsbronn, 91802 Meinheim,
Tel. 09146/734, Do. Ruhetag
Preiswertes, ländliches Wirtshaus.

Meinheim

Das Bachangerdorf steht als Ensemble unter Denkmalschutz. Die **St. Wunibald-Kirche** hat ihren Ursprung in einem Bau aus dem 14. Jahrhundert.

Den Helm aus buntglasierten Ziegeln erhielt sie 1840 (Schlüssel bei Mesnerin Jörg, Hauptstr. 10).

Gasthof „Grünsteudel"
Brunnenstr. 2, 91802 Meinheim,
Tel. 09146/9411-0, Fax -94,
Ü/F ab DM 39,–
„Weil man abseits des Sees etwas bieten muß", wurde in die Unterkünfte investiert. Herausgekommen sind vier großzügige, helle Gästezimmer. Auf dem ruhigen Innenhof

einige Freitische und Spielgeräte für Kinder.

Dittenheim

Kein geringerer als Gabriel de Gabrieli hat die evangelische **Kirche Peter und Paul** entworfen, die in seiner Zeit am Ansbacher Hof 1699 bis 1707 entstand. Die Markgrafen dokumentierten zudem ihren Machtanspruch gegenüber den eigensinnigen Dittenheimern mit ihren Prunk- und Staatswappen am Portal.

St. Wunibald-Kirche

Kirche in Berolzheim

Gasthaus „Zur Sonne"
Ringstr. 1, 91723 Dittenheim,
Tel. 09834/303, Fax 8932,
Ü/F ab DM 31,–
Guter Speisegasthof. Neben Fleisch und Wild auch vegetarische Gerichte auf der Karte.

Markt Berolzheim

Nicht auf unserer direkten Route, sondern etwas flußabwärts liegt Berolzheim. Einst gab es hier zwei Adelshäuser, doch davon sind nur noch Reste des Oberen Schlosses an der Marienkirche vorhanden (Wassergraben).

Der Ort hat zwei Pfarrkirchen, die untere (St. Michael) wurde 1758 durch Johann David Steingruber um-gebaut. Auch die obere (St. Mariä) wurde im 18. Jahrhundert dem Stil der Ansbacher Markgrafenzeit ange-paßt.

Aus dieser Zeit stammt auch das markgräfliche Amtshaus.

Windsfeld

Idyllisches Straßendorf, das zu einem der schönsten Dorf-Ensem-bles des mittleren Altmühltals gehört.

Gasthof „Schwarzer Adler"
Hauptstr. 15, 91723 Windsfeld
Die alte Kastanie im Hof des altein-gesessenen Gasthofes lädt nach einer Radtour zum Verweilen im Schatten ein.

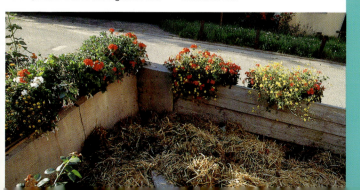

Zwischen den Seen

Wälder, Weiher, Wiesen – zwischen Altmühlsee und Kleinem Brombachsee liegt ein Wander- und Radlerparadies.

Beste Zeit
Besonders schön zur Obstbaumblüte.

Anfahrt
Als Startplatz für eine Rundfahrt bietet sich der kostenlose Parkplatz an der Walkmühle am nördlichen Stadtrand von Gunzenhausen an (gegenüber McDonald's an der Straße von der B466 zum Brombachsee).

Dauer
Die Tour ist 25 km lang, das heißt Sie sitzen zwei bis drei Stunden im Fahrradsattel. Der Tourenvorschlag ist der mit Nr. 1 ausgeschilderte Altmühlsee-Radwanderweg, der zunächst am Überleiter entlang zum Altmühlsee und dann durch den Mönchswald und den Ort Gräfensteinberg wieder an den Überleiterstollen unter der Wasserscheide führt.

Als Alternative zur Seeuferroute bietet sich bis zum Mönchswald der Weg Nr. 6 über die beiden Dörfer Laubenzedel und Büchelberg an.

Laubenzedel
Das kleine Dorf profitiert von seiner Nähe zum See wie auch von der ruhigen Lage hinter der Bahnlinie abseits der B13. Inzwischen besitzt es ein beachtliches Angebot an Ferienwohnungen.

Landgasthof Schnackensee
Schnackenmühle 2, 91710 Gunzenhausen, Tel. 09831/6709-0, Fax -11, Ü/F DZ ab DM 95,–
Neues Haus zwischen Laubenzedel und Büchelberg an gleichnamiger Weiheranlage (Angelgelegenheit). Ziel von Reisegruppen. Animation und Ausflugsangebote.

Büchelberg

Am Rand des Mönchswaldes gelegen ist Büchelberg Ausgangspunkt mehrerer Wanderwege. Sie haben hier zwei Möglichkeiten: Entweder Sie fahren nach Muhr und treffen dort auf den Radweg Nr. 1 in Richtung Haundorfer Weiher.

Oder aber Sie durchqueren den Mönchswald auf dem mit rotem Kreuz auf weißem Grund markierten Wanderweg.

Der etwas holprige Schotterweg beginnt am Ende einer Sackgasse am obersten Ende des Dorfes und bringt Sie nach 1,5 Kilometern auf den Radweg.

Haundorf

Lohnend ist ein Blick in die Kirche aus dem Jahr 1449 wegen ihrer spätmittelalterlichen Wandmalereien und der Arbeiten des Ansbacher Hofbildhauers Giuseppe Volpini.

Der Radwanderweg folgt der Straße bis kurz vor die Ortschaft Seitersdorf. Vorbei am Stixenhof (erbaut 1732) geht es nach Gräfensteinberg.

Haus des Gastes

Georgentalweg 4a, 91729 Haundorf **Öffnungszeiten:** Mo.–Fr. 9.30–12 Uhr, Sa 10–12 Uhr

Gasthof „Falkenhof"

Gartenweg 2, 91729 Haundorf, Tel. 09837/1001, Ü/F DM 49,– Einziges Gasthaus am Ort. Griechisch-italienisch-deutsche Küche.

Gasthof „Zur Höhenluft"

Oberhöhberg 16, 91729 Haundorf, Tel. 09837/210, Fax 563, Ü/F ab DM 35,–, Do. Ruhetag
Ausflugsgaststätte bei Haundorf. Der Name sagt alles. Es gibt sogar einen Skilift.

Feriendorf Nehmeier

Biederbacher Weg 10a, 91729 Haundorf, Tel. 09837/689, Fax 95915. Ü/F DM 23,– Hs/Fewo ab DM 68,-/Tag
Auf Familien mit Kindern eingerichtete kleine Anlage. Sauna, Aktionstage für die Kleinen und Streicheltiere.

Gräfensteinberg

Hoch über dem Brombachtal liegt der Ort mitten in einem Obst- und Hopfenanbaugebiet.

Achtung Eltern: Unterhalb des Ortes liegt am Wolfsberg ein schöner **Abenteuerspielplatz** mit Schutzhütte.

Landhotel Lindenhof

Dorfstr. 28, 91729 Gräfensteinberg, Tel. 09837/9700-0, Fax -40, App. DM 85,– (ab 4 Tage), Ü/F bei 1 Nacht DM 75,–
Renovierter alter Dorfgasthof mit gehobener Küche. Hummer, Seeteufel und Papageienfisch stehen neben Fleisch und Geflügel auf der Karte.

Wasserturm

Öffnungszeiten: 1. So. im Monat 14–16 Uhr, Eintritt frei
Auskunft: Fremdenverkehrsverein Haundorf, Else Rothgang, Tel. 09837/381
Der 34 Meter hohe Turm befindet sich an der Straße nach Absberg. Herrliche Aussicht auf Mönchswald und Seen.

Von Gräfensteinberg geht es nach Brombach, dann in den Wald. Kurz vor der Staatsstraße zweigt rechts ein Weg ab, der dem zunächst unsichtbaren Überleiter folgt. Nach etwa einem Kilometer tritt der Stollen ans Tageslicht und es ist nicht mehr weit zum Ausgangspunkt.

Kleiner Brombachsee

Als wäre er schon immer dagewesen, liegt der Kleine Brombachsee im gleichnamigen Tal umgeben von Wäldern zu Füßen von Absberg. Der See ist vor allem wegen seiner drei Badestrände beliebt und an heißen Wochenenden überlaufen.

Beste Zeit
Heiße Wochenenden meiden!

Anfahrt
Über die Straßen Gunzenhausen-Pleinfeld oder Spalt-Absberg.

Badehalbinsel Absberg
Die 2.900 gebührenpflichtigen Parkplätze (DM 6,– pro Tag) werden bisweilen am „Brombach-Rimini" knapp. Neben zwei Badestränden gibt es ein Surfufer nebst -schule (S. 130), Segelhafen und -schule (S. 132), sowie einen Bootsverleih. Die Grünflächen bieten außerdem Spielmöglichkeiten für Fuß- und Handball, Feder- und Volleyball sowie Boccia.

Wohnmobilübernachtungsplatz
150 Stellplätze, DM 10,– pro Nacht, Wohnwagen und Zelte nicht erlaubt, **Info:** Tel. 09144/571 oder 09175/9181

Jugendzeltplatz
Hinter dem nördlichen Strand, ca. 120 Plätze, nur Zelte erlaubt
Info: Moritz Schirmer, Tel. 09175/9595 oder 9336

Gastronomie
Zwei Imbiß-Buden gibt es auf der Halbinsel. Positiv hebt sich die Speisenqualität der in der Mitte der Halbinsel gelegen Hütte von den übrigen am See ab. Außerdem spenden Bäume hier etwas Schatten. Am Hopfenstrand Richtung Absberg gibt es ein kleines Restaurant.

Ballonfahrten
Ballonteam Brombachsee, Höttinger Str. 44, 91792 Ellingen, Tel. 09141/5074, Fax 5933, DM 300,– Aufstiegsplatz ist die Badehalbinsel.

Absberg

Der Anstieg nach Absberg wird mit einem herrlichen Blick über die beiden Brombachseen belohnt. Dazu kehrt man entweder in eines der Cafés an der Hangkante ein oder nutzt den Aussichtspunkt an der Straße nach Gräfensteinberg (Parkplatz links kurz nach dem Ortsausgang).

Deutscher Orden und das protestantische Brandenburg-Ansbach haben den Ort gleichermaßen geprägt. Die **evangelische Kirche** reicht baulich bis in das 11. Jahrhundert zurück. Zahlreiche Grabsteine erinnern an den Ortsadel. Unübersehbar ist die um 1725 gebaute **Schloßanlage**. Die Kirche St. Ottilia ist die ehemalige Hofkapelle. Ihre Ausstattung stammt aus der Übergangszeit vom Barock zum Rokoko.

Dort, wo die Hauptstraße den Berg hinunter zum Igelsbachsee führt, zweigt rechts die Straße zurück zum See ab. Sie endet an der **Freizeitanlage Seemeisterstelle**. Zu Absberg gehört auch das abseits des Sees gelegene Kalbensteinberg.

Landgasthaus „Zur Linde"
Igelsbach 26, 91720 Absberg,
Tel 09837/274, Fax 774,
Ü/F ab DM 39,–
Neues Gästehaus mit angeschlossenem Wirtshaus und Landwirtschaft.

Bauernhof-Pension Hofer/Bauer
Hauptstr. 52, 91720 Absberg,
Tel. 09175/596, Ü/F ab DM 30,–

Pension „Rosengärtchen"
Hans-Veit-Str. 11, 91720 Absberg,
Tel. 09175/9648, Ü/F DM 38,–
Neubau nur für Nichtraucher.

Privathaus Walter
Gießbuck 22, 91720 Absberg
Tel. 09175/840, Ferienwohnung ab DM 38,–/Tag
Prächtiger Sandsteinbau an der Abfahrt zum Igelsbachsee.

Kalbensteinberg

Einige Kilometer nördlich, etwas abseits des Sees, liegt dieser Ortsteil von Absberg mit seinen gut erhaltenen Häusern aus rötlichen Sandsteinquadern. Gefüllt mit Kostbarkeiten des 15–17. Jahrhunderts ist

Schloß Absberg

die Kirche des Ortes. Schöner, aus-
geschilderter Radrundweg Nr. 16
über Gräfensteinberg, Absberg,
Igelsbachsee und Spalt.

Gasthof „Zur Post"
Kalbensteinberg 1, 91720 Absberg,
Tel. 09837/283, Ü/F DM 38,–
Traditionsgasthof mit neuem Gäste-
haus.

Seemeisterstelle
Nicht ruhig, aber ruhiger als am
Westende des Sees bei Absberg und
Langlau geht es am Strand unweit
der Staumauer zu. Ein Grund dafür
ist die begrenzte Zahl von Parkplä-
tzen (120). Liegen kann man am
Strand, auf Wiesen oder im Wald.
Surfen ist erlaubt (S. 130). Einzige
Versorgungseinrichtung ist ein Im-
biß mit Biergarten.

Das gegenüberliegende Südufer
wird bestimmt durch ein Naturschutzgebiet, ein aufgelassenes
Bundeswehrareal (ehemaliges Mu-
na-Gelände) und das Freizeitzentrum Langlau.

Seezentrum Langlau
Zwar gibt es auch hier 500 Parkplätze für Tagesgäste, geprägt wird die
Anlage aber vom **Campingplatz** und
dem bisher einzigen wirklichen See-
hotel im Seenland. An den zwei
Stränden mit Tretbootverleih ist
auch Platz für Segler und Surfer.
Falls es regnet: Für DM 15,– pro
Person und Tag ist die Badeland-
schaft des Hotels „Seehof" einschließlich Sauna, Solarium und
Whirlpool auch für Nicht-Gäste zugänglich.

Strandhotel „Seehof"
Seestr. 33, 91738 Langlau,
Tel. 09834/988-0, Fax -988, Ü/F DZ
DM 136,–, Wochenendangebote
4-Sterne-Hotel mit Hallenbad, Sau-
na, Restaurant und Kegelbahn.

Ferienhaus „Elsa"
Seestr. 1, 91738 Pfofeld-Langlau,
Tel. 09834/1278, Fax 8952,
Ferienwohnung ab DM 65,–
Ferienwohnungen in renoviertem
alten Schulhaus.

Blick über den Kleinen Brombachsee auf die Seemeisterstelle

See-Camping Langlau
91738 Langlau, Tel. 09834/96969
Öffnungszeiten: 1.3.–15.11.
Preise: Stellplatz/Nacht DM 11,50,
Erw. DM 9,–, Kind DM 5,50
Großzügig angelegter Platz direkt
am Wasser mit div. Freizeitangeboten und kleinem Laden. 420 Stellplätze à 100 qm auf 12,4 Hektar Gesamtfläche.

In die Umgebung
Wälder, sanfte Hügel und dann das
weite Altmühltal, ein Ausflug in das
Gebiet zwischen See und Fluß lohnt,
nicht zuletzt wegen der Spuren von
Limes und Römersiedlungen.

↓
Anfahrt
Die Tour orientiert sich am Altmühlsee-Radweg Nr. 2, der am Parkplatz
Walkmühle in Gunzenhausen (gegenüber McDonald's) beginnt.
🕐
Dauer
Mit dem Rad reine Fahrtzeit knapp
drei Stunden.

Oberasbach
Oberasbach liegt nicht am Radweg,
aber ein Abstecher lohnt, wenn Hunger und Durst plagen: Im Biergarten
des Gasthauses Baumgärtner steht
eine **Kleinbrauerei**. Am östlichen
Ortsrand zweigt links ein Weg entlang des Weiherbaches ab. Kurz hin-

ter Obenbrunn kommen Sie zurück
an den Radwanderweg, der einen
knappen Kilometer an Pfofeld vorbei nach Theilenhofen führt.

Pfofeld
Die **Kirche** des Ortes aus dem 12.
Jahrhundert gehört zu den ältesten
des Seenlandes. Sichtbar aus romanischer Zeit sind die Rundbogenfenster sowie die Apsis an der Ostseite.
An der Straße nach Dornhausen,
nicht weit von der Stelle, wo der
Radweg nach Theilenhofen die
Straße kreuzt, steht die Ruine der
Heilig-Kreuz-Kirche. Das Portal ist
noch erhalten.

Gasthof Karl Kleemann
Ringstr. 17/19, 91738 Pfofeld, Tel.
09834/239, Fax 1051, Ü/F DM 38,–
Landgasthof mit angeschlossener
Metzgerei und guter Küche. Neu
ausgebautes Gästehaus. Donnerstag Schlachtschüssel.

Kirche in Pfofeld

Römerbad Theilenhofen

Theilenhofen

Nicht weit vom Ort stand einst ein **römisches Kastell**, an das nur noch eine Steinsäule erinnert. Daneben war ein **Lagerdorf**, dessen Bad in Resten erhalten ist. Die Beckenböden waren mit Kalkplatten aus Solnhofen ausgelegt (im dortigen Museum des Aktienvereins rekonstruiert (S. 105)).

Man hatte es schon 150 n.Chr. komfortabel: Das Bad verfügte über eine Fußbodenheizung. Der Radweg führt direkt vorbei, vom Ort aus ist der Weg ausgeschildert.

Vor dem Ort geht es links nach Thannhausen. Auf dem Weg dorthin wird der **Limes** überquert. Nicht weit von der Straße steht der Rest eines **Wachturms**, von dem aus man eine schöne Aussicht hat. (Achtung, am Wegweiser den linken der beiden Wege nehmen!)

Von Theilenhofen bietet sich ein Abstecher nach Wachstein auf der anderen Seite der B13 an. (Radler meiden die Bundesstraße, indem sie sie in Theilenhofen überqueren und erst hinter dem Ort rechts nach Wachstein abbiegen.)

Wasserturm bei Theilenhofen

Wachstein

„Ein Dorf in Grün und Blumen", so die Eigenwerbung. Der Ort am Hang zum Altmühltal weist ebenfalls Spuren der Römer auf. 1939 wurde hier ein **Mithras-Heiligtum** entdeckt. Orgiastische Feste und Kulthandlungen werden den Jüngern des besonders von Soldaten und Männerbünden verehrten Gottes Mithras nachgesagt.

Gasthof Oster

Lindenstr. 11, Wachstein, 91741 Theilenhofen, Tel. 09834/1229, Fax 8905, Ü/F ab DM 25,–, Few ab DM 45,–, Mo. Ruhetag
Gast- und Bauernhof mit fränkischer Küche und neuem Gästehaus.

Thannhausen

Seit 1955 haben es die „Thannhäuser" schriftlich von ihrer Staatsregierung: Der „Tannhäuser" war einer der ihren. Seitdem hat das Dorf das Recht, den berühmten Minnesänger „Siboto de Tanhusen" im Wappen zu führen. Zu den Kostbarkeiten in dem **denkmalgeschützten Dorfensemble** gehören die Schnitzereien an der Kanzel in der evangelischen Pfarrkirche.

Gasthof „Zum Tannhäuser"

Thannhausen Nr. 7, 91738 Pfofeld, Tel. 09834/1278, Fax 8952, Ü/F ab DM 35,–, Whg. ab DM 57,–
Das Haus fühlt sich dem Minnesänger und der fränkischen Küche gleichermaßen verpflichtet. Gehört zu den besten Adressen.

Großer Brombachsee

Noch ist der See nicht ganz geflutet, aber das Wasser hat die zukünftigen Ufer und Seezentren schon erreicht. Insofern warten alle nur auf Regen. Ramsberg, Pleinfeld, Allmannsdorf und Enderndorf zeigen sich schon von der schönsten Seite. Fertig ist auch der Seeuferweg.

Um Details der zukünftigen Seezentren wird hinter den Kulissen noch kräftig gestritten. Diverse Interessengruppen haben ihre Wünsche angemeldet. FKK-Vereine wollen ein Revier, mit den Seglern gibt es Streit, und die Investoren wollen die teuer erworbenen Grundstücke möglichst lukrativ verwerten.

Der See in Zahlen
Länge: 5 km
Breite: 2 km
Tiefe: 33 m
Fläche: 930 km
Einmal rum: 17,5 km
Parkplätze: 1.500 (Stand 1998)
Badestellen: im Bau

Beste Zeit
Immer, wenn es nicht regnet.

Anfahrt
Parkplätze gibt es am Seezentrum Ramsberg, am Freizeitzentrum Pleinfeld, am südlichen Ende der Staumauer, bei Allmannsdorf, Enderndorf und an der Seemeisterstelle des Kleinen Brombachsees.

Dauer
Seeumrundung mit dem Rad ohne Besichtigungen ca. 2,5 Stunden.

Ramsberg
Ramsberg wird prophezeit, der Ort werde sich zum Zentrum des Fremdenverkehrs am Brombachsee entwickeln. Entwickelt haben sich zunächst Grundstückspreise: Für ein Stück Ramsberg werden bisweilen über 1.000,– Mark pro Quadratmeter gefordert. Diesen Wertzuwachs verdankt der Ort seiner schönen Lage am Hang und der Tatsache, daß einen Steinwurf von den

Häusern entfernt der Segelhafen
liegt.

Service und Adressen

Pension „Seerose"
Hafenstr. 4, Ramsberg, 91785 Pleinfeld,
Tel. 09144/575, Fax 576, Ü/F ab
DM 40,–, Whg. ab 85,–
Zwischen der Pension und dem See liegt
nur ein Hopfenfeld. Das Haus mit Spielplatz und angeschlossenem Bauernhof
hat sich auf Familien mit Kindern eingerichtet.

Pension Zottmann-Mogl
Untere Dorfstr. 39, Ramsberg, 91785
Pleinfeld, Tel. 09144/6420,
Ü/F DM 25,–, Fewo ab DM 60,–
Pension am Ortsende mit Blick auf den
See, Gästezimmer im DG.

Landgasthof „Krone"
Obere Dorfstr. 24, Ramsberg, 91785
Pleinfeld, Tel. 09142/3103 oder
09144/8702, Ü/F ab DM 45,–,
Di. Ruhetag
Der alte Gasthof wurde unter seinem
neuen Besitzer modernisiert.

Ländliches Museum Seitz
Das kleine Museum ist eine Pri-
vatinitiative. Die Familie Seitz
hat Dinge des täglichen Lebens
zusammengetragen und zeigt sie
den Gästen auf Wunsch: „Es ist
eigentlich immer jemand da",
feste Öffnungszeiten des him-
melblauen Stadels an der Unteren Dorfstraße 14 – außer sonntags von 14–17 Uhr – gibt es
nicht. Tel. 09144/61 06.

Seezentrum Ramsberg
Von allen Baustellen hat Ramsberg
die besten Chancen, als erste „ans
Wasser" zu kommen. Die Stege für
den Segelhafen mit 600 Liegeplätzen (S. 133) waren bei Drucklegung
dieses Buches bestellt und sollten
bei entsprechend wasserreichem
Winter im Frühjahr 1998 eingebaut
und der See dann offiziell für den
Wassersport freigegeben werden.
An den Hafen werden sich in östliche Richtung Strände (Fertigstellung zwischen 1999 und 2001) und
dann das Surfzentrum (S. 130)
anschließen.

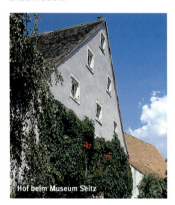
Hof beim Museum Seitz

Pleinfeld
Pleinfeld liegt zwar immer am Rand,
aber dennoch mittendrin. An das
„Tor zum Naturpark Altmühltal"
schwappt auf der anderen Seite der
Brombachsee. Zwischen Ort und
Seeufer ist ein **Freizeitzentrum** mit
Schwimmbädern, Skatebahn und
vielfältigen anderen Sportanlagen
sowie Hotel und Campingplatz entstanden. Zu den Attraktionen des
Ortes gehört eine **Sommerrodelbahn**.
   Pleinfeld, das von 1435 bis 1806
vom Bistum Eichstätt beherrscht
wurde, ist nicht gerade reich an hi-

Sommerrodelbahn

Einen guten halben Kilometer ist das Vergnügen lang. Elf Steilkurven liegen zwischen Start und Ziel der beiden Metallrinnen neben der Bundesstraße 2.

Öffnungszeiten: April–Okt. Mo.–Fr. ab 13 Uhr, Sa., So. u. Ferienzeit ab 10 Uhr (bei Regen und Schnee kein Betrieb)

Eintritt: Erw. DM 4,– Einzelfahrt/ DM 21,– 6er-Block, Kinder bis 14 J. DM 3,50/DM 18,–

storischen Gebäuden. Trotzdem lohnt ein Gang ins Zentrum, das erst jüngst neu gepflastert wurde. Das **Spalter Tor** ist der einzige bedeutende Rest der Stadtbefestigung. In der Pfarrkirche St. Nikolaus haben verschiedene Epochen ihre Spuren hinterlassen. Der Turmraum ist romanisch, die Innenausstattung barock und ihre heutige Form erhielt die Kirche 1926/27. Oberhalb von Mischelbach liegt **Schloß Sandsee**.

Seezentrum Pleinfeld

Liegewiesen, Segelhafen, Surfstrand und Schiffsanleger sind in Pleinfeld im Bau beziehungsweise vorgesehen. Die endgültige Fertigstellung ist für 1999 bis 2002 geplant.

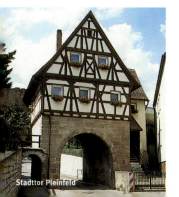
Stadttor Pleinfeld

Service und Adressen
Verkehrsbüro Pleinfeld
Marktplatz 11, 91785 Pleinfeld,
Tel. 09144/6777, Fax 920050
Öffnungszeiten: Mo.–Fr. 9–12 Uhr u. 16–18 Uhr, Sa. 9–12 Uhr, im Winter alle Tage ab 10 Uhr

Heimat und Brauereimuseum
Kirchplatz 1, Tel. 09144/6777, Fax 920050
Öffnungszeiten: Ostern– Ende Nov. So. 14–16 Uhr, Gruppen n. V.
Das in den 80er Jahren renovierte Vogteischloß beherbergt in vier Geschossen Zeugnisse und Fotos der Ortsgeschichte. Schwerpunkt ist die Darstellung der Handwerksgeschichte in Form von vollständig eingerichteten Werkstätten. Vom Hopfen bis zur Bügelverschlußflasche ist alles zu sehen, was einst zur Herstellung von Bier gebraucht wurde.

Waldbad
Öffnungszeiten: Mitte Mai–Ende Aug., Mo.–So. 9–20 Uhr
Eintritt: Erw. DM 2,50, Kind DM 1,50
Das unbeheizte Freibad liegt idyllisch im Wald am Freizeitzentrum unweit des Campingplatzes.

Hallenbad
Öffnungszeiten: Sept.–Mai, Di.–Fr. 15.30–21 Uhr, Sa. 14–18 Uhr, So. 10–15 Uhr
Eintritt: Erw. DM 2,50, Kind DM 1,50
Kleines Hallenbad mit Sauna und medizinischer Badeabteilung im Freizeitzentrum, Tel. 09144/61 78. Fr., Sa. u. So. Warmbadetage.

Minigolf
Anlagen gibt es am Gasthof „Sonnenhof" (8–22 Uhr) und an der Sommerrodelbahn.

Landgasthof „Siebenkäs"
Kirchenstr. 1, 91785 Pleinfeld,
Tel. 09144/8282
Restaurant mit Atmosphäre, Niveau und gutem Essen.

Hotel „Sonnenhof"
Sportpark 11, 91785 Pleinfeld,
Tel. 09144/960-0, Fax -190,
DZ Ü/F ab DM 146,–
Tagungshotel mit dem dafür typischen Drum und Dran im Freizeitzentrum.

Gasthof „Zum blauen Bock"
Brückenstr. 5, 91785 Pleinfeld,
Tel. 09144/1851, Fax 8277,
Ü/F ab DM 32,–
Gasthof an der historischen Rezat-
brücke, Zimmer mit Flußgrundstück.

Waldcamping Brombach
Sportpark 11–13, 91785 Pleinfeld,
Tel. 09144/1721, Fax 6934
Öffnungszeiten: ganzjährig, Betriebs-
urlaub im Spätherbst
Preise: Stellplatz/Nacht DM 10,50,
Erw. DM 9,50, Kind DM 5,–
Der Name sagt alles über die Lage. Es
gibt 570 Stellplätze, ein Restaurant und
einen SB-Markt. Das Gelände grenzt an
das Freizeitzentrum. Zum Platzangebot
gehören Treffpunkte, Spielplätze, ge-
führte Wanderungen und Vorträge.

Haus in Allmannsdorf

Allmannsdorf
Nur ein lichtes Kiefernwäldchen verhindert den direkten Blick vom Dorf
auf den See. Der kleine Ort – 12 An-
wesen, 100 Einwohner – wurde
schön saniert.

Seezentrum Allmannsdorf
Die Liegewiesen sind angesät, der
Schiffsanleger steht, und das Lokal
mit Biergarten ist geöffnet. Nur die

Bäume, die hier einmal Schatten
spenden sollen, müssen noch etwas
wachsen. Fertig sind die 500 Parkplätze am Fuß der Staumauer.

Stirn
Etwa zwei Kilometer liegen zwischen Seeufer und Stirn. Der Ort hat
seinen Charme noch bewahrt, aber
der Bauboom das Dorf schon erfaßt.

Gasthof „Schwarzer Adler"
Hauptstr. 21, 91785 Pleinfeld-Stirn,
Tel. 09144/338

Gasthaus „Zur Linde"
Spalterstr. 2, 91785 Pleinfeld-Stirn,
Tel. 09144/254

Rathaus in Pleinfeld

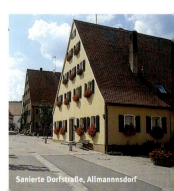
Sanierte Dorfstraße, Allmannsdorf

Igelsbachsee

Klein, aber fein: Der Igelsbachsee ist von der Lage wohl der schönste der fünf Seen.

↓
Anfahrt
An der Straße von Absberg nach Spalt gibt es einige kostenlose Parkplätze, an der Freizeitanlage Enderndorf 500 gebührenpflichtige.

Der See in Zahlen
Länge: 2,8 km
Breite: bis 0,4 km
Tiefe: bis 11 m
Fläche: 90 ha
Einmal rum: 6,5 km
Parkplätze: 500
Badestellen: 1

Enderndorf
Enderndorf ist der einzige Ort im Seenland, der an zwei Seen liegt. Die Freizeitanlage am Igelsbachsee mit Strand, Kiosk, Biergarten und Spielplatz ist zudem die einzige des Sees.

Die Dimensionen der Vorhaben am Brombachsee hängen noch vom Bau einer Ortsumgehung bei Enderndorf ab, über die bei Drucklegung dieser Auflage noch nicht entschieden war.

Hungrig sollte man den Ort nie umgehen. Nirgends läßt es sich in Seenähe so gut speisen wie in Enderndorf.

Zwei gehobene Restaurants und eine traditionelle fränkische Wirtschaft kochen um die Gunst der Gäste:

„Schäferhof"
Enderndorf 9, 91174 Spalt,
Tel. 09175/9109, Fewo ab DM 60,–
Gekocht wird in der schön renovierten alten Schäferei auf gehobenem,
aber nicht abgehobenem Niveau zu
noch zivilen Preisen.

Großer Wert wird auf Produkte
von Bauern aus der Umgebung ge-
legt. Weine aus ökologischem
Anbau.

„Zum Hochreiter"
Enderndorf, 91174 Spalt,
Tel. 09175/749, große Ferienwoh-
nung ab DM 90,–
Allein die Lage mit Terrasse direkt
am Brombachsee sorgt, zumindest
bei Sonnenschein, für ein „volles
Haus". Zu anderen Zeiten muß die

Küche ran. Und auch die hat Qualität.

Gasthof „Brombachsee"
Enderndorf 18, 91174 Spalt,
Tel. 09175/1080,
Ü/F ab DM 30,–
Wenn zwei neudeutsche um die
Wette kochen, bleibt der dritte im
Bunde bei traditioneller Haus-
mannskost.

Ferienhof Hanser
Brigitte Selz, Enderndorf, 91174
Spalt, Tel. 09175/779-14, Fax -15,
Ferienwohnung ab DM 65,–
Familien mit Kindern finden hier
alles, was sie brauchen, bis zur
Spielscheune mit Schaukel, Rutsche
und Spielecke.

Spalt

Das „Herz des Fränkischen Seenlandes" schlägt zwischen den Hopfengärten und Obstwiesen. Für Bierliebhaber ist die Stadt mit ihrer mittelalterlichen Bausubstanz ein Muß. Denn rund um Spalt wächst ein besonders aromatischer Hopfen. Dabei hat eigentlich der Weinbau eine weit ältere Tradition rund um Spalt.

Beste Zeit
Im Frühjahr zur Obstbaumblüte oder im Sommer, wenn der Hopfen steht.
↓
Anfahrt
Spalt liegt etwas abseits der Bundesstraße 466. Lohnend ist die Anfahrt von Süden (Hägsbronn) oder Westen (Schnittling) wegen des schönen Blicks auf die Stadt.
🕐
Dauer
Es gibt einen ausgeschilderten Stadtrundgang, der etwa eine Stunde dauert.

Biermuseum im Kornhaus ◆
Öffnungszeiten: Eröff. Mai 1998
Die ehemalige Zehentscheune aus dem 15. Jahrhundert diente bis 1984 als Hopfenlager und -signierhalle. Neuerdings ist dort ein Biermuseum untergebracht.

Rathaus ◆
Über den Gabrieliplatz geht es zu einem Werk des bekanntesten Baumeisters in der Stadt. Der 1751 bis 1756 nach den Plänen von Gabriel de Gabrieli erbaute Dekanatshof beherbergt seit 1933 die Stadtverwaltung.

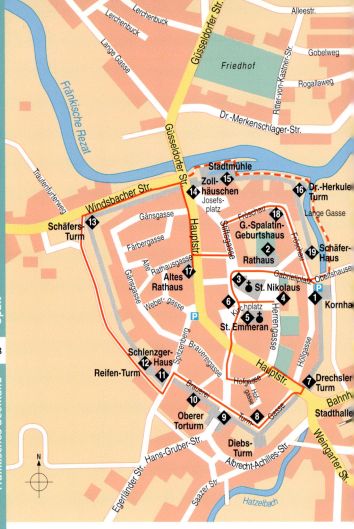

Stiftskirche St. Nikolaus ❸

Weil zwei Stifte am Ort sich zunächst einer Kirche bedienten, kam es zum Streit und schließlich 1302 zum Bau eines zweiten Gotteshauses. Im Barock wurde die Kirche durch einen völligen Neubau nach den Plänen des Eichstätters Maurizio Pedetti ersetzt, 35 Jahre nach Fertigstellung aber geschlossen.

Zeitweise diente die Kirche als Lagerhalle und ist heute im Besitz der Stadt. Beachtliche Freskomalereien und reicher Stuck.

Städtischer Kindergarten ❹

Das ehemalige Refektorium der vereinigten Chorherrenstifte war später Knaben- und Mädchenschule. Die Geschlechtertrennung ist heute

Highlights

noch über den Türen dokumentiert, im Kindergarten spielen aber Buben und Mädels zusammen.

Pfarrkirche St. Emmeram ❺
Die ältere der beiden Kirchen war Teil des Benediktiner-Klosters St. Salvator. Die romanische Basilika wurde im 16. und 17. Jahrhundert mehrfach dem barocken Zeitgeist angepaßt.

Bekanntestes Kunstwerk in der Kirche ist die Georg Spalatin gewidmete Marienfigur, die 1519 in die Kirche kam. Um die gleiche Zeit schuf Loy Hering einen der Grabsteine, die an die Kanoniker des Stifts erinnern.

Katholischer Pfarrhof ❻
Der Eichstätter Moritz Pedetti „barockisierte" 1738 das ehemalige Kastnerhaus. Im 1. Stock befindet sich eine beachtliche Stuckdecke. Die Handwerker, die diese Decke geschaffen haben, waren einst in **Drechslers Turm** ❼ tätig.

Diebsturm ❽
Öffnungszeiten: Juli–Sept.
So. 13.30–16.30 Uhr
Bis ins 20. Jahrhundert diente der Turm als Gefängnis. Heute wird in den „Heimatstuben" die volkskundliche Sammlung des Heimatvereins verwahrt.

Stiftskirche St. Nikolaus

Oberer Torturm 🟦
Öffnungszeiten: Juli–Sept.
So. 13.30–16.30 Uhr

Der Torturm aus dem 15. Jahrhundert ist seit 1763 bewohnbar. Jetzt sind dort die Handwerkerstuben untergebracht. Am Tor befinden sich Stadtmauerreste und ein ehemaliges Zollhäuschen.

Stadtbrauerei 🟦
Der Rundweg führt mitten über das Firmengelände des wichtigsten städtischen Unternehmens, der Brauerei.

Schlenzger-Haus 🟦
Das bizarre Fachwerkhaus schmiegt sich an die Stadtmauer, in der noch

---

Hopfen und Bierpolitik

Rund 18.000 Zentner Hopfen werden jährlich im Spalter Anbaugebiet geerntet. Nur ein Teil des wegen seines Reichtums an ätherischen Ölen geschätzten Spalter Hopfens bleibt im Bierland Franken. Allein rund 40 Prozent gehen an die größte Brauerei der Welt, Anheuser-Busch in den USA („Budweiser").

Während die deutschen Großbrauereien immer mehr am teuren Hopfen sparen, oft nur noch 100 Gramm pro Hektoliter verwendet werden, ist der städtische Braumeister von Spalt großzügiger. 350 Gramm verleihen dem Pils seinen herben Geschmack.

Seit 1879 gibt es die Stadtbrauerei und ist das Bierbrauen kommunale Aufgabe. Zwar gab es damals sieben Privatbrauereien, aber im Sommer ging regelmäßig der „Stoff" aus.

---

ein zugemauertes gotisches Spitzbogentor zu erkennen ist. Wahrscheinlich diente es früher den oberhalb der Altstadt siedelnden Rittern der Oppurch als Zugang zur Stadt.

Außerhalb der Mauer geht es vorbei am **Reifenturm** 🟦, unter Bischof Johann von Aich 1446 erbaut, am **Schäfersturm** 🟦 zum **Zollhaus** 🟦 und der **Stadtmühle** 🟦, in der Reste des Nürnberger Tores verbaut wurden.

Nach seinem Vorbesitzer heißt der Eckturm **Dr.-Herkules-Turm** 🟦. An der Stadtmühle kann man auch wieder über die Hauptstraße in die Stadt hineingehen.

Altes Rathaus 🟦
Das 1524 erbaute Haus beherbergte bis 1933 die Stadtverwaltung, heute eine feuerwehr-historische Sammlung.

Geburtshaus Georg Spalatin 🟦
Als Georg Burkhardt wurde Georg Spalatin, der berühmteste Sohn der Stadt, 1484 in diesem Haus geboren.

Der Humanist war Vertrauter Friedrichs des Weisen von Sachsen und ein intimer Freund Martin Luthers. 1523 trat er zum evangelischen Glauben über.

Kurz vor dem Parkplatz treffen wir noch auf das **Schäferhaus** 🟦, ein markantes, auf die Stadtmauer aufgesetztes Fachwerkhaus.

Mühlreisighof
Viel fotografiert, darf er in keinem Spalt-Prospekt fehlen: Der typische Hofenhof mit seinen großen Dachböden zum Trocknen des Hopfens steht etwas außerhalb der Stadt links an der Straße nach Wassermungenau.

Mühlreisighof

Service und Adressen

Fremdenverkehrsamt Spalt
Herrengasse 10, 91174 Spalt,
Tel. 09175/7965-0, Fax -35
Öffnungszeiten: Mo.–Fr. 7.30–12 Uhr u.
Mi. 13.15–17 Uhr, Do. 13.15–18 Uhr, im
Sommer Fr. 14–16 Uhr

Wandern

Die Umgebung von Spalt eignet sich her-
vorragend für Wanderungen. 150 Kilometer Wanderwege sind markiert, für
DM 2,– gibt es eine Karte beim Fremdenverkehrsamt. Lohnend sind das
Schnittlinger Loch oder die **Massendor-
fer Schlucht.**

Bierseminare

Mehrmals im Jahr veranstaltet die Stadt
Bierseminare. Der Gast erfährt dabei
alles über Hopfen und Malz, besichtigt
die Brauerei und testet den Gerstensaft.
Auskunft erteilt das Fremdenverkehrsamt.

Ballonfahrten

Auskunft: Stadt Spalt, Herrengasse 10,
91174 Spalt, 09175/796525, DM 300,–

Hans Gruber-Keller

Hans-Gruber-Keller 1, 91174 Spalt,
Tel. 09175/340
Die Kellerwirtschaft unter alten Linden
ist einer der schönsten Biergärten in der
Region – und es gibt Spalter Bier. Da
sieht man über mittelmäßiges Essen hin-
weg.
Anfahrt: Die Altstadt durch den Oberen
Torturm verlassen und dann rechts hal-
ten.

„Alte Backstub'n"

Hauptstr. 21, 91174 Spalt,
Tel. 09175/9555, Ü/F ab DM 37,50
Quartier für Frühstücksliebhaber.

Gasthof „Zur Krone"

Hauptstr. 23, 91174 Spalt,
Tel. 09175/370, Fax 223,
Ü/F ab DM 42,–
Familienwirtschaft mit komfortablen
Zimmern und vielseitiger Küche.

„Bayerischer Hof"

Albrecht-Achilles-Str. 2, 91174 Spalt,
Tel. 09175/273, Ü/F ab DM 45,–
Jüngst modernisiert, fränkische Küche,
eigene Schlachtung.

Burg Wernfels

Burg Wernfels
Burgweg 7–9, Wernfels, 91174 Spalt,
Tel. 09873/515, Fax 244,
Vollpension DM 32,– bis 47,–
Jugendherberge in Traumlage für Menschen bis 26 Jahre und Eltern, die ihre Kinder begleiten.

Gasthof Blumenthal
Stiegelmühle, 91174 Spalt,
Tel. 09173/332, Mo. u. Di. Ruhetag
Idyllische Lage und gute Küche. Der Gasthof mit Terrasse und Kinderspielplatz liegt im Rezattal gegenüber der Auffahrt zur Burg Wernfels.

Großweingarten

Das „Golddorf", so wird das Dorf wegen seines Bundessieges im Schönheitswettbewerb genannt, liegt auf einer Anhöhe mitten im Kirschenanbaugebiet in Richtung Brombachsee.

Typisch für die Gegend um den Brombachsee sind die rötlichen Sandsteinquaderhäuser.

Gasthof „Zum Adler"
Dorfstr. 32, Großweingarten, 91174
Spalt, Tel. 09175/880, Fax 9880
Besonders preiswerte Speisegaststätte mit schönem Biergarten.

Pension Walther
Dorfstr. 51, Großweingarten, 91174
Spalt, Tel. 09175/7978-0, Fax -33, Ü/F
ab DM 45,–
Neues Haus mit Weinstube und eigener Schnapsbrennerei.

Brunnen in Großweingarten

Rothsee

Die Rothseetalsperre steht in unmittelbarem Zusammenhang mit dem Main-Donau-Kanal. Das aus der Donau hochgepumpte Wasser wird hier zwischengespeichert. Weil dieses Wasser bei Trockenheit Regnitz und Main zugeführt wird, kommt es zu mehr oder weniger starken Absenkungen des Wasserspiegels. Der Rothsee besteht aus zwei Teilen. Der kleine ist die **Rothsee-Vorsperre** mit einem Stauvermögen von 1,5 Millionen Kubikmetern.

Ein großer Teil des Sees ist dem Naturschutz vorbehalten, gleichwohl kommt man zu Fuß oder auf dem Rad einmal herum. Bei **Polsdorf** gibt es eine Informationsstelle des Landesbundes für Vogelschutz, Badestellen mit Kiosken und notwendiger Infrastruktur bei **Birkach**

und **Grashof** in der südwestlichen Hälfte der langgestreckten Vorsperre. Parkplätze, zum Teil gebührenpflichtig, sind an allen genannten Orten vorhanden. Der Vorsperrendamm ist 11,2 Meter hoch und 500 Meter lang. Auf der Krone verläuft der Verkehr zwischen **Birkach** und der Staatsstraße. Linkerhand liegt die größere Hauptsperre.

Die **Rothsee-Hauptsperre** hat einen Stauraum von 8,8 Millionen Kubikmetern. Sie ist es, die bei Bedarf Wasser über den Kanal in Richtung Main abgibt. Auf dem Wasser darf gesurft (S. 130) und gesegelt (S. 133) werden. Wassersportzentrum ist das Seezentrum **Heuberg** mit der **Schleuse Eckersmühlen**. Auch um die Hauptsperre führt ein Rad- und Wanderweg.

Die Vorsperre in Zahlen
Länge: 2,4 km
Breite: bis 0,5 km
Tiefe: bis 8,5 m
Fläche: 50 ha
Einmal rum: 4,5 km
Parkplätze: 1100
Badestellen: 1

Die Hauptsperre in Zahlen
Länge: 2,2 km
Breite: bis 1,6 km
Tiefe: bis 15 m
Fläche: 170 ha
Einmal rum: 6,5 km
Parkplätze: 500
Badestellen: 2

Roth

Die Kreisstadt Roth am Zusammen-
fluß von Roth und Rednitz ist mit
über 20.000 Einwohnern die größte
Stadt im nördlichen Fränkischen
Seenland. Bekannt ist Roth vor
allem als Industriestadt, seit im 16.
Jahrhundert die Technik der Draht-
herstellung aus dem französischen
Lyon hier eingeführt wurde.

Stadtverwaltung Roth
Kirchplatz 2, 91154 Roth,
Tel. 09171/848-0, Fax -168
Öffnungszeiten: Mo.–Fr. 7–12 Uhr,
Di. u. Do. auch 13.15–17 Uhr

Geschichte
Bereits im 9. Jahrhundert soll, so
wird vermutet, Roth fränkischer Königshof gewesen sein. Urkundlich
erwähnt wird der Ort erstmals 1060,
als der Bischof von Eichstätt eine
Kirche zu „Rote" weihte. 1363 wird
Roth als Stadt genannt. In der Folge-
zeit profitierte auch Roth wirtschaftlich und politisch vom Aufschwung
der nahen Reichsstadt Nürnberg.

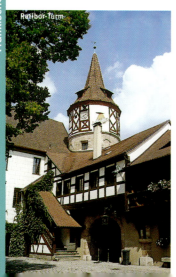
Ratibor-Turm

Highlights
❶ **Reste der alten Stadtmauer**
❷ **Seckendorff-Schlößchen**
❸ **Bürgerhaus**
❹ **Jagdschloß Ratibor**
❺ **Stadtkirche**
❻ **Altes Rathaus**
❼ **Marktplatz**

In den Jahren zwischen 1511 und
1537 wurden die Stadtmauer, die
Stadtkirche, das Rathaus und das
Jagdschloß Ratibor sowie ein Brauhaus gebaut. Im Dreißigjährigen
Krieg verarmt die Stadt. Neuer Aufschwung kommt, als sich nach dem
Krieg Emigranten in Roth niederlas-
sen und 1730 die erste leonische
Drahtfabrik gegründet wird. Noch
heute ist die Herstellung von Kabeln
und Folien eines der wichtigen wirt-
schaftlichen Standbeine.

↓
Anfahrt
Günstigster Ausgangspunkt für
einen Bummel durch die Stadt ist
die Städtlerstraße. Auf Parkplätzen
und in der Tiefgarage gibt es dort
ausreichend Parkmöglichkeiten.

🕐
Dauer
Eine gute Stunde ohne Schloßbe-
sichtigung.

Beim Gang aus der Tiefgarage in der
Städtlerstraße in Richtung Innenstadt stehen wir unmittelbar vor
einem großen Bankgebäude. Dahinter befinden sich **Reste der alten
Stadtmauer** ❶ mit einem alten
Wehrturm.

Seckendorff-Schlößchen ❷
Gehen wir links an der Mauer entlang, gelangen wir durch eine kleine
Gasse zum Seckendorff-Schlößchen
aus dem Jahr 1768. In nördlicher

Richtung gehend, kommen wir wieder an dem Bankgebäude vorbei, halten uns links und befinden uns in der Kugelbühlstraße, in der wir auf der rechten Seite ein außergewöhnliches **Bürgerhaus** ❸ (15./16. Jh.) sehen. In wenigen Schritten sind wir dann beim

Jagdschloß Ratibor ❹

Markgraf Georg der Fromme von Brandenburg-Ansbach ließ von 1535 bis 1537 das Jagdschloß errichten. In Anlehnung an sein ererbtes schlesisches Herzogtum nannte er das repräsentative Schloß „Ratibor". Unter den historischen Bauten der Stadt gilt es zurecht als das Schmuckstück. Das eigentliche Hauptschloß besteht aus einer Anlage mit sechs viergeschossigen Giebeln. Die Deckenmalereien im Prunksaal zeigen Szenen aus der griechischen Mythologie. Bemerkenswert sind die kupfernen Was-serspeier im Schloßhof. Unterge-bracht ist im Schloß das Heimatmu-seum, die Stadtbibliothek und ein Restaurant, dessen Ambiente an die Schloßeinrichtung angelehnt ist. Im Sommer ist es Schauplatz der Schloßhofspiele (S. 139).

Stadtkirche

Wir setzen unseren Rundgang fort und wenden uns der Stadtkirche zu, deren Turm beim Gang aus dem Schloß unübersehbar ist. 1510 wurde sie an der Stelle einer goti-schen Kirche neu erbaut. Der Kirch-turm stammt aus dem Jahr 1878, Altar und Kanzel aus dem 19. Jahr-hundert. Zahlreiche alte Grabdenk-mäler befinden sich im Innern. Ver-lassen Sie die Kirche durch den Nordeingang, stehen Sie hinter dem Alten Rathaus.

Das Alte Rathaus

Erbaut wurde das Alte Rathaus unter Markgraf Alexander von 1757

Historischer Eisenhammer
Eine sehenswerte Rarität ist der historische Eisenhammer im Ro-ther Stadtteil Eckersmühlen auf halber Strecke Richtung Hilpolt-stein. Von 1175 bis 1974 gehörte die Hammerschmiede der Fami-lie Schäff. In dem voll funktions-fähigen Hammerwerk werden dort hergestellte Gerätschaften und Werkzeuge gezeigt. Nach Voranmeldung gibt es Schmie-devorführungen.
Tel. 09171/4784 oder 81331
Öffnungszeiten: April–Okt. Mi.–So. 13–17 Uhr
Eintritt: Schmiedevorführungen DM 20,– pro Gruppe

---

bis 1759. Das Haus in der Haupt-straße ist ein Mansardenbau im Stil des Ansbacher Rokoko.

Marktplatz ❼

Wir gehen die Hauptstraße weiter Richtung Norden und stoßen auf den Marktplatz mit dem **Barock-brunnen** von 1757, den die Stadt Roth dem Landesherren Carl Wil-helm Friedrich schenkte. Am Mark-platz mit der Hausnummer 43 steht das **Riffelmacherhaus**. Dieses Haus gilt als eines der schönsten Fach-werkhäuser in Franken. Über Trau-bengasse und Kugelbühlstraße geht es zurück.

Das Heimatmuseum

Hauptstr. 1, 91154 Roth,
Tel. 09171/84833
Öffnungszeiten: April–Sept. Sa. u. So. 13–16 Uhr
Im Schloß Ratibor wird die Ge-schichte und Kultur der Stadt und des Landkreises Roth gezeigt. Der Museumsrundgang führt durch die repräsentativen Räume aus der Zeit um die Jahrhundertwende, als der Fabrikant Friedrich Wilhelm Stieber das Schloß zu einem prächtigen Wohnsitz ausbauen ließ.

Fabrikmuseum

Otto-Schrimpff-Str. 16, 91154 Roth,
Tel. 09171/806108
Öffnungszeiten: März–Okt. Sa. u. So. 13.30–16.30 Uhr o. n.V.,
Tel. 09171/6 05 64
Mal ein Blick in die Geschichte der Industrialisierung: Im Museum der leonischen Industrie wird an lau-fenden Maschinen die Arbeitswelt um 1920 gezeigt.

Triathlon

Roth ist Mekka der Ausdauersport-ler. Höhepunkt ist jedes Jahr an

Stadtkirche

einem Sonntag Anfang Juli der Triathlon „Quelle Ironman Europe". Dabei findet das Schwimmen über 3,8 Kilometer im Kanal statt.

Restaurant Ratsstuben im Schloß
Hauptstr.1, 91154 Roth,
Tel. 09171/6505
Restaurant in historischen Räumen des Schlosses. Gehobene Preiskategorie, aber auch Qualität.

Hotel Seerose
Obere Glasschleife 1, 91154 Roth,
Tel. 09171/2480, Ü/F ab DM 45,–
Am Stadtrand, dafür aber direkt an einem Weiher.

Campingplatz „Waldsee" Wallesau
91154 Wallesau, Tel. 09171/5570
Der Platz liegt an einem See einige Kilometer südlich der Stadt. Ganzjährig geöffnet, 300 Stellplätze.

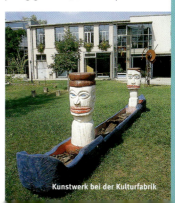

Kunstwerk bei der Kulturfabrik

Rundfahrt

Die Streckenführung finden Sie auf der hinteren Innenumschlagseite eingezeichnet.

Hilpoltstein

Als „Stadt datz dem Stain" wird Hilpoltstein 1345 urkundlich erwähnt. Neueste Forschungen ergaben jedoch, daß die Gründung der Burg oberhalb der Stadt bereits auf das Jahr 1100 zurückgeht. Heute ist die Burg eine Halbruine.

Die alten Fachwerkhäuser, allen voran das alte Rathaus und das Jahrsdorfer Haus (1523) am Stadtweiher, zählen heute zu den Sehenswürdigkeiten der Stadt. Die Innenstadt wird dominiert von der gotischen Stadtkirche St. Johann. 1732 wurde diese Kirche erneuert und barockisiert.

88

Haus des Gastes
Maria-Dorothea-Str. 8, 91161 Hilpoltstein, Tel. 09174/904-3, Fax -4
Öffnungszeiten: Mo.–Fr. 10–12 Uhr u. 13–17 Uhr, Sa. 9–13 Uhr, So. 9.30–12 Uhr

Stadtgeschichtliches Museum
Maria-Dorothea-Str. 8, Tel. 09174/9043
Öffnungszeiten: Di. u. Fr. 14–16 Uhr, Sa. 10–13 Uhr, So. 10–12 Uhr
Das Museum im Haus des Gastes, dem ehemaligen Kornspeicher, gibt einen Einblick in die Geschichte der Stadt.

Gasthaus „Zur Post"
Marktstr. 8, 91161 Hilpoltstein, Tel. 09174/3058, Fax 3050, Ü/F ab DM 45,–
Die ehemalige Posthalterei bietet moderne Zimmer und gute Küche.

Marktplatz Hilpoltstein

Heideck

Heideck

Eine typische fränkische Kleinstadt mit viel Fachwerk. Die wichtigsten Sehenswürdigkeiten sind die beiden Kirchen. In der Stadtpfarrkirche „Johannes der Täufer" gibt es eine Madonna aus dem Umkreis des Bildschnitzers Leinberger, in der „Frauenkirche" Fresken und Grabplatten aus dem 15. Jahrhundert.

Stadtverwaltung Heideck
Marktplatz 24, 91180 Heideck,
Tel. 09177/4940-0, Fax -40
Öffnungszeiten: Mo.–Fr. 8–12 Uhr, Do. 13–18 Uhr

Heimatkundliche Sammlung
Im Erdgeschoß des Rathauses
Öffnungszeiten: März–Okt.
So. 14–16 Uhr

Reiterhof und Pension Kreuth
Schloß Kreuth 1, 91180 Heideck,
Tel. 09177/210, Fax 1600,
Ü/F ab DM 35,–
Neben Pferden und Ponies gibt es auch andere Tiere rund ums Schloß.

Georgensgmünd

Georgensgmünd ist eine der wenigen Gemeinden, in der eine **jüdische Synagoge** den Naziterror über-standen hat. Das jüdische Gotteshaus stammt aus dem Jahr 1734. Außerdem gibt es einen interessanten **Judenfriedhof** mit rund 2.000 Gräbern. Vorläufig kann die Synagoge – heute ist sie ein jüdisches Museum – nur nach Vereinbarung (Gemeindeverwaltung) besichtigt werden.

Gemeindeverwaltung
Bahnhofstr. 4, 91166 Georgensgmünd, Tel. 09172/703-0, Fax -50

Pension „Alte Schmiede"
Rittersbacher Str. 3, 91166 Georgensgmünd, Tel. 09172/6939-0, Fax -55, Ü/F ab DM 60,–
Neue Räume in einer alten Schmiede, die jetzt als Frühstücksraum dient.

Abenberg

Abenberg liegt an der Burgenstraße. Um das Jahr 1040 wurde hier eine Höhenburg errichtet, die nach dem Aussterben des Geschlechts der Abenberger in den Besitz der Hohenzollern kam. In der über den Dächern thronenden **Burg** ist seit 1997 ein Museum zur fränkischen Geschichte untergebracht, in dem auch Künstler ausstellen.

Stadt Abenberg
Stillaplatz 1, 91183 Abenberg,
Tel. 09178/9880-0, Fax -80
Öffnungszeiten: Mo.–Fr. 8–12 Uhr
u. 13–16.30 Uhr (außer Fr.)

Haus fränkischer Geschichte
Burgstr. 16, 91183 Abenberg,
Tel. 09178/90618
Öffnungszeiten: Di.–Sa. 14–17 Uhr,
So. 11–18 Uhr

Hotel/Restaurant „Burg Abenberg"
Burgstr. 16, 91183 Abenberg,
Tel. 09178/570-0, Fax -6,
Ü/F ab DM 62,–
Schlafen im Schottenturm und gut
essen im Restaurant.

Seit Jahrhunderten ist in Abenberg das Klöppeln beheimatet. Und genau hier gibt es das einzige **Klöppel-Spezial-Museum** in Deutschland.

Leinenspitzen, Metallspitzen in Gold und Silber, die sogenannten leonischen Waren sind in dem Museum ebenso zu sehen wie die Geräte für ihre Herstellung.

Adresse: Stillaplatz 1 (Umzug in die Burg vorgesehen), 91183 Abenberg, Tel. 09178/98800
Öffnungszeiten: März–Dez. So. 14–17 Uhr.

Burg Abenberg

Weißenburg

Die „Schwingen des Adlers" sind in Weißenburg noch allgegenwärtig, Die „Römerstadt" ist aber auch stolz auf ihre Geschichte als Freie Reichsstadt, die über sich nur den Kaiser hatte. Bis 1802 dauerte diese Freiheit, dann fiel die Stadt über Preußen 1806 an das Königreich Bayern. Viele Häuser in der gut erhaltenen Altstadt zeugen von der reichsstädtischen Tradition Weißenburgs.

Bereits 793 soll Karl der Große während des Baus der „Fossa Carolina" (siehe S. 102) im Königshof auf dem heutigen Stadtgebiet gewohnt haben.

Viel früher hatten sich andere Bewohner hier niedergelassen, denn die Anhöhe über der Rezat wenige Kilometer südlich des Limes war wichtiger Militärstützpunkt der Römer in der „Regio Birciana". Seit über 100 Jahren wird am westlichen Stadtrand gegraben: 1890 wurde das Castrum freigelegt, 1977 die ehemaligen Thermen entdeckt und 1979 der Römerschatz ausgegraben, der wichtigster Teil der Sammlung im Römermuseum ist.

Amt für Kultur und Touristik
Martin-Luther-Platz 3–5 (im Römermuseum), 91780 Weißenburg, Tel 09141/907-124, Fax -121
Öffnungszeiten: Tägl. 9–12.30 Uhr u. 14–17 Uhr, Sa. u. So. ab 10 Uhr

↓
Anfahrt
Eine Ringstraße mit Parkleitsystem führt um die Altstadt herum. Für einen ausgedehnten Stadtbummel empfiehlt sich das kostenlose Parkhaus an der Doerflervilla. Von dort ist es nur ein Katzensprung zum Ellinger Tor und auch das Castrum und die Thermen lassen sich noch zu Fuß erreichen.

🕐
Dauer
Stadtbummel und Ausgrabungsstellen (ohne Museumsbesuch) ca. 3 Stunden.

Ellinger Tor ❶
Wir betreten die Stadt von einer ihrer schönsten Seiten. Das Ellinger Tor entstand in mehreren Etappen zwischen dem 14. und 17. Jahrhundert. Das linke der beiden Wappen von 1481 ist das heute noch gültige Stadtwappen.

St. Andreaskirche ❷
Auch die spätgotische Hauptkirche der Stadt entstand nicht in einem Jahrhundert. 1327 wurde sie geweiht, im 15. Jahrhundert entstanden Hallenchor und der markante Turm. Im Innern befinden sich wertvolle Altäre, der Kirchenschatz wird in der Sakristei gezeigt.

Römermuseum ❸
Siehe Seite 95.

Ellinger Tor

Weißenburg

Fränkisches Seenland

Jahnstr.

Niederhofener Str.

Eichstätter Str.

An der Hagenau

Maxanlage

Nördliche Ringstr.

Mohrenzwinger

Obertorstr.

Seeweihermauer

Bachgasse

Brauerei-museum

Borten-macherg.

Seeweihermauer

12

Am Waschgraben

Rohrmühle

A.d. Schranne

8

Schranne

Obere Stadtmühlg.

Auf dem Schrecker

Heigertg.

Brünnleing.

Klosterg.

Leopold-str.

7

Kulturzent./ Karmeliterk.

Hüttergasse

Innere Türkengasse

Äußere Türkengasse

An der Hage

A.d. Hage

A.d. Hagenau

Am Krautgar

Pflastergasse

6

Paradeisg.

got. Rathaus

5

Markt-platz

Ledergasse

Rosen-bühl

Wildbadstr.

Ellinger Tor

1

Auf d. Kapelle

Ellinger Str.

D. Martin Luther-Pl.

Posti Bescheid

4

Am

9

Auf der

P. Ebert-Str.

Weid

Spelterg.

Saumarkt

11

St. Andreas

2

3

St. Martin

Pfarrg.

Römer-museum

Untere Stadtmühlg.

Holzgasse

Spöhrerng.

Spitalk.

10

Schied.- mauer

St. Willibald

Holzgas

Schulhausstr.

Reichsstadt-museum

Westliche Ringstr.

Hofi

Augustiner-gasse

Schanzmauer

Bahnhofstr.

Frauentorstr.

Südliche

Augsburger Str

Bismarckanlage

Gunzenhausener Str.

Südfriedhof

Bgm.-Lober-Str.

Lehenwiesenweg

Bahnhofstr.

Bahnhof

Bgm.-Fleischmann-Str.

Wilh.-Tröltsch-Str.

An der Laderampe

Kohlstr.

Am Römerlager

Am Römerlager

14

Röm. Nordtor

Römercastell Biriciana

Kohlstr.

Kohlstr.

Gunzenhausener Str.

Emetzheimer Str.

Alte Weimersheimer Str.

Kaadenstr.

Steinfeinsfurth

Am Bärenfeld

Kastelling.

A. Römerbad

Am Römerbad

Am Römerbad

13

Ludwig-Thumshirn-Str.

Römische Thermen

100 m

N

Apothekenmuseum ❹
Rosenstraße 3, Tel. 09141/2307
Öffnungszeiten (Führungen):
Mo.–Sa. 11 Uhr, außer Mi. u. Sa.
auch 14 Uhr
Im Keller der Einhorn-Apotheke, der
ehemaligen Wirkungsstätte des Ka-
stellausgräbers Wilhelm Kohl, befin-
det sich ein Apothekenmuseum.
Das Gebäude selbst stammt aus
dem 18. Jahrhundert und war einst
Sitz und Wohnhaus des Stadtvogts.

Gotisches Rathaus ❺
An der Kreuzung der durch Weißenburg verlaufenden Fernhandels-
straßen wurde 1470 das dreige-
schossige Rathaus aus Sandsteinquadern gebaut. Der Platz zwischen
Rathaus und Römermuseum ist
wahrscheinlich Standort des fränkischen Königshofes aus dem 7./8.
Jahrhundert gewesen.

Luitpoldstraße ❻
Einst Lagerplatz für Holz, ist der
Straßenplatz auf der anderen Seite
des Rathauses heute die gute Stube
der Stadt mit vielen Bürgerhäusern.
Auffällig sind die Wirtshausausleger
und Brauereiwappen. Etwa in der
Mitte des Platzes befindet sich die

heute als Kulturzentrum genutzte
Kirche des Karmeliterklosters. Lohnend sind Abstecher in die Gassen,
denn hier ist manches Kleinod entstanden.

Kaiser-Ludwig-Brunnen ❼
Aus Dankbarkeit für den 1338 ge-
schenkten Stadtwald bauten die
Weißenburger 1903 einen Brunnen
und widmeten ihn dem Spender Kaiser Ludwig.

Schranne ❽
Urkirche, Getreidelager, Feuerwehr-
gerätehaus – die Schranne und ihre
abgerissenen Vorgängerbauten haben eine wechselvolle Geschichte
seit etwa 700 hinter sich. Nun wird
sie als Markthalle genutzt. Über die
Judengasse gehen wir wieder zurück Richtung Rathaus.

Marktplatz ❾
Vor dem Rathaus befindet sich der
Marktplatz und auf diesem der 1685

Gotisches Rathaus

gebaute **Schweppermannsbrunnen**. Der Feldhauptmann Schweppermann soll der Überlieferung nach 1322 in der Schlacht bei Mühldorf mit einem Weißenburger Fähnlein siegreich auf der Seite Ludwigs des Bayern gegen Friedrich den Schönen gekämpft haben.

Spitaltor/Spitalkirche ❿
Kirche und Spital wurden um 1460 auf dem zugeschütteten ersten Stadtgraben errichtet. Sein heutiges barockes Aussehen erhielt der Turm 1729 durch Gabriel de Gabrieli.

Schießgraben ⓫
Zum Bau dieses Mauerabschnittes wurde eigens eine Getränkesteuer eingeführt. Der Graben ist heute Spielplatz, früher war er Übungsstätte der seit 1250 existierenden Weißenburger Schützen.

Seeweihermauer ⓬
So wie hier waren früher immer bzw. im Verteidigungsfall die Gräben um die Stadtmauer mit Wasser gefüllt. Hinter der Mauer befindet sich der „Rebdorfer Getreidekasten".

Die Römer in Weißenburg
Die Ausgrabungsstätten liegen westlich der Bahnlinie mitten in einem Wohngebiet und sind ausgeschildert. An den Thermen befinden sich Parkplätze für Autos und Busse.

Römische Thermen ⓭
Am Römerbad, Tel. 09141/907127
Öffnungszeiten: Ostern–1. Nov.
Di.–So. 10–12.30 Uhr u. 14–17 Uhr
Eintritt: DM 2,–, DM 1,– ermäßigt
Gut Ding will Weile haben. Deshalb dauerte es über 15 Jahre vom Fund bis zur Fertigstellung des sowohl von der Architektur als auch von der inneren Struktur sehr gelungenen Anlage:

Der Besucher blickt von Stegen in die ehemalige Bade- und Freizeiteinrichtungen, denn das im dritten Jahrhundert n. Chr. zerstörte Bad war Treffpunkt für Erholung, Sport und Spiel. Ein Teil der Anlagen wurde rekonstruiert, andere Teile werden auf Schautafeln und Modellen erläutert.

Castrum Briciana ⓮
Von den Thermen geht es in fünf Minuten zu Fuß durch ein Wohngebiet zum ehemaligen Kastell. Bereits Anfang des 20. Jahrhunderts war die steinerne Umwehrung mit vier Toren, vier Ecken und acht Zwischentürmen und Innengebäuden

Nordturm Castrum Briciana

freigelegt worden. Zuvor muß dort ein Holzkastell gestanden haben, wie Grabungen 1986/87 ergaben. Diese jüngsten Untersuchungen ermöglichten darüber hinaus die Rekonstruktion des Nordtores.

Römermuseum
Martin-Luther-Platz 3,
Tel. 09141/907124
Öffnungszeiten: März–Dez. Di.–So. 10–12.30 Uhr u. 14–17 Uhr
Eintritt: DM 3,–, DM 1,50 ermäßigt

Das Römermuseum wurde mehr oder weniger um den 1979 gefundenen **Römerschatz** herumgebaut, behandelt allerdings auch genauso die Geschichte Weißenburgs als Reichsstadt in einem unmittelbar angrenzenden Gebäudekomplex sowie die Frühgeschichte der Region. Kastell und Limes sind in der römischen Abteilung die Schwerpunkte.

Ein ganzes Stockwerk ist dem im dritten Jahrhundert vergrabenen Schatz gewidmet. Möglicherweise hat es sich um das bei herannahender Gefahr vergrabene Inventar eines Heiligtums gehandelt. Der Fund gilt als einmalig in Bayern.

Wülzburg
Führungen: Ostern–Okt. Sa. 13–17 Uhr, So. 10–11.30 Uhr u. 12.30–17 Uhr

Einst stand auf der höchsten Bergkuppe der Frankenalb ein Kloster, 1588 ließ der Markgraf von Ansbach-Brandenburg an der südlichen Grenze seines Territoriums eine Festungsanlage mit fünf Bastionen und einem 7,5 Meter tiefen und 23 Meter breiten Wall errichten.

Für die Weißenburger war die Anlage oft Bedrohung und Ärgernis, weil bisweilen von dort auf sie geschossen wurde. 1631 fiel sie kampflos an General Tilly. Nach einem Großbrand im Dreißigjährigen Krieg wurde der Schloßbau wiederaufgebaut.

Im 19. und 20. Jahrhundert diente die Burg als Gefangenen- und Flüchtlingslager. An den prominentesten Häftling erinnert eine Tafel im Zugang: Charles de Gaulle hielt sich 1918 hier zwangsweise auf.

Zu den Sehenswürdigkeiten auf der Burganlage gehört neben den heute als Internat genutzten Gebäuden der 133 Meter tiefe **Festungsbrunnen**, dessen Hebeanlage von der Besatzung oder Häftlingen bedient wurde. 35 Minuten dauerte die Förderung eines Kübels.

Auf dem Hof befindet sich die im 19. Jahrhundert gebaute **Ludwigszisterne**, in der früher Regenwasser gesammelt und dann über Schöpf- und Ziehbrunnen nach oben gefördert wurde.

Die **Bastion Roßmühle** vis-à-vis des Zugangs war die Mühle der Festung. Mit Hilfe von Pferden wurde in dem kuppelartigen Bau nicht nur Getreide, sondern auch klumpig gewordenes Pulver gemahlen.

Service und Adressen

Hotel „Am Ellinger Tor"
Ellinger Straße 5–7, 91781 Weißenburg,
Tel. 09141/86460, Fax 864650,
Ü/F ab DM 50,–
Fachwerkhaus unweit des Ellinger Tores.
Modern eingerichtet, gutes Restaurant
und Innenhof.

Hotel „Goldene Rose"
Rosenstr. 6, 91781 Weißenburg,
Tel. 09141/2096, Fax 70752,
Ü/F ab DM 60,–
Neue Deutsche Küche, komfortable Zim-
mer, Sauna, Solarium, Innenhof mit Grill.

Hotel „Brandenburger Hof"
Niederhofener Str. 18, 91781 Weißen-
burg, Tel. 09141/8640-0, Fax -40,
Ü/F ab DM 59,–
Jüngst renoviertes, modern eingerichte-
tes Fachwerkhaus etwas außerhalb der
Altstadt. Biergarten und Kinderspiel-
platz, fränkische Küche.

Hotel „Wittelsbacher Hof"
Friedrich-Ebert-Str. 21, 91781 Weißen-
burg, Tel. 09141/8516-0, Fax -50,
Ü/F ab DM 66,–
Schönes Hotel in der Allstadt mit günsti-
gen Pauschalangeboten. Fränkische
Küche und Fahrradverleih im Haus.

Café „Macambo"
Luitpoldstr. 3, Tel. 09141/92518
Das Lokal vereint verschiedene Stile und
bietet Konzerte und Ausstellungen.

Schranne

Café Wahnsinn
Niederhofener Straße 1,
Tel. 09141/1245
Ganz normales Lokal für junge Leute.

„Sigwartskeller"
Eichstätter Landstr. 51, Tel. 09141/2436
Lokal mit schönem Biergarten und eigener Forellenzucht an der B13 an der Ab-
zweigung zur Wülzburg.

Sigwart-Bräustüberl
Luitpoldstr. 17, Tel. 09141/1626
Speiselokal mit ruhigem Innenhof an
gleichnamiger Brauerei.

„Arauners Keller"
An den Sommerkellern 64,
Tel. 09141/3228
Es wäre ein schönes, lauschiges Plätz-
chen an heißen Sommerabenden, wenn
dieser Biergarten nicht während des Au-
gusts Betriebsferien machen würde. Anfahrt: B13 Richtung Eichstätt, kurz vor
der Stadtgrenze rechts ab.

„Zur Kanne" (Brauereimuseum)
Bachgasse 15, Tel. 09141/3844
Im Keller des Bräustüberls gibt es
während der Öffnungszeiten des Gasthauses seltene und gut erhaltene Brauereigeräte zu sehen.

Camping am „Alten Badeweiher"
Eichstätter Landstr. 10, 91781 Weißen-
burg, Tel. 09141/5222
Öffnungszeiten: 1. Mai–30. Sept.
Gebühren: Pkw u. Caravan DM 10,50,
Womo DM 8,–, Erw. DM 6,–,
Kinder (b. 12 J.) DM 3,50

Limesbad
Badstr., Tel. 09141/999-55
Öffnungszeiten: tägl. 8.30–20 Uhr
Eintritt: DM 4,–, erm. DM 2,50
Erlebnisbad südöstlich der Altstadt mit
Großrutsche und allem drum und dran.

Minigolf
Badstr., (am Limesbad)
Öffnungszeiten: Mai–Sept. 13–18 Uhr,
Sa. u. So.13–20 Uhr

Rundflüge
Flugplatz Wülzburg, Segelflugverein
Weißenburg, Tel. 09141/1242 (Verein),
3377 (Flugplatz)

Ellingen

Ellingen, das ist **Deutscher Orden** und **Barock**. Auf einer sehr überschaubaren Fläche stehen rund zwei Dutzend barocke Baudenkmäler, in deren Mitte das wuchtige **Schloß**, dessen Anlage Kunsthistoriker die Augen verdrehen läßt, weil vieles nicht so gebaut wurde, wie es in jener Zeit eigentlich üblich ist.

Dieses Buch kann nicht auf die vielen Details der Architektur und der Geschichte des Deutschen Ordens eingehen. Das Verkehrsamt der Stadt gibt einen Prospekt zum „Barockrundweg" heraus, der als Einführung genügt.

Stadt Ellingen
Weißenburger Str. 1,
91792 Ellingen,
Tel (09141)8658-0, Fax 865858
Öffnungszeiten: Mo.-Fr. 8–12 Uhr,
Do. auch 13–17 Uhr

Der Deutsche Orden hat Ellingen nicht entdeckt, zumindest die Römer waren vor ihnen da. Nordöstlich der Stadt befand sich das ausgegrabene und in Teilen rekonstruierte **Limeskastell Sablonetum**.

An der Stelle des heutigen Schlosses stand einst eine Wasserburg – ein Graben erinnert an diese Vorgeschichte noch heute. 1216 ging die Anlage in den Besitz des Deutschen Ordens über. Der spanisch-französische Krieg bedeutete 1552 die völlige Zerstörung von Schloß und Ort. Der Neubau direkt an der erhaltenen gotischen Schloßkirche fiel 1641 weitgehend dem Dreißigjährigen Krieg zum Opfer.

1708 machte sich Franz Keller – aus heutiger Sicht würde man ihn als „Querdenker" bezeichnen – daran, das Schloß in seiner heutigen, eigentümlichen, wuchtigen Form zu bauen. Die Gartenfront ist die Hauptfassade, es fehlt das typische Gartenparterre, und direkt gegenüber steht das dreiflügelige Brauereigebäude. Der eigentliche Schloßpark befindet sich hinter der Schloßkirche an der Nordseite des Komplexes.

Im Wettstreit mit Ansbach und Eichstätt entstanden in der katholischen Enklave zeitgleich mit dem

Rathaus

Schloß Ellingen

Schloß weitere repräsentative Bauten. Das markanteste davon ist das **Rathaus** (1744, Franz Joseph Roth), an der Kreuzung der beiden Straßenachsen, die das Stadtbild prägen.

Ellinger Sommerkeller
Sommerkeller 1, Tel. 09141/81176
Wunderschöner Bierkeller nördlich der Stadt (Pleinfelder Straße stadtauswärts fahren, etwa 1 Kilometer nach dem Ortsende rechts).

Schloßbräustüberl
Schloßstraße 6, Tel. 09141/70340
Gemütliches Restaurant buchstäblich im Schatten des Schlosses, im Sommer Tische im Park vis-à-vis des Portals.

Stopfenheim

Auf dem Weg von Gunzenhausen nach Ellingen fällt in Stopfenheim sofort der Blick auf die **prächtige Kirche**. Auch mit Mitteln der Kunst versuchte sich die katholische Enklave Ellingen gegen die protestantischen Gegner der Umgebung zu behaupten.

Ein Ergebnis davon ist die prächtige Kirche St. Augustin, die der letzte der drei Ellinger Ordensbaumeister, Matthias Binder, ab 1773 schuf.

Ellinger Sommerkeller

Fränkischer Jura, Anlautertal

Der Fränkische Jura und das Anlautertal zählen mit zu den schönsten Ecken im Naturpark Altmühltal.

Hier kann man auf ausgedehnten Wanderungen die Natur erleben und den Spuren der Römer folgen. Abseits vom Trubel der großen Seen läßt sich trotzdem die gesamte Region erkunden, und man hat den Vorteil, daß die Preise hier noch deutlich niedriger liegen als in den großen Städten und Seezentren.

Seit 1978 besteht die **Verwaltungsgemeinschaft Nennslingen**, die durch die Gebietsreform aus 14 Ortschaften entstanden ist.

Tourist-Information
Schmiedgasse 1, 91790 Nennslingen, Tel. 09147/9411-25, Fax -30
Öffnungszeiten: Mo.–Fr. 8–12 Uhr

Der **Markt Nennslingen** (seit 1539) wurde vermutlich im 6. Jahrhundert begründet. Der historische Marktplatz wurde vor einigen Jahren neu gestaltet. Dort befinden sich drei renovierte Häuser in fränkischer Jurabauweise mit dem für diese Gegend typischen Legschieferdach.

Nennslingen ist idealer Startpunkt für Wanderungen. Der Parkplatz bei der **Schwabenmühle** sind Start und Ziel mehrerer Rundwanderwege. Rechts davon – beim Sportplatz – liegt ein großzügiger Kinder- und Abenteuerspielplatz.

Wenn Sie von Nennslingen der Anlauter folgen, kommen Sie über **Gersdorf** nach **Bechthal**. Kurz davor geht es zum **Bechthaler Weiher**, an dem es sich herrlich baden läßt. Der Weiher entstand 1977 im Zuge der Flurbereinigung und wird von einer 30 m hohen **Burgruine** überragt.

Raitenbuch

Raitenbuch liegt am Limes, der im Volksmund auch „Teufelsmauer" genannt wurde.

In der um 1900 im neugotischen Stil erbauten Kirche findet sich die „Raitenbucher Madonna" (spätgotische Altarfigur von 1470). Die Marienfigur wurde 1811 von der Nach-

Fränkische Kirchweih

Die fränkische Kirchweih (letzter Sonntag im August) ist einer der Höhepunkte des Jahres. Nach alter Tradition wird der „Kerwa-Baum" mit Stangen aufgestellt. Die Zechbuben führen unter den Klängen von Blasmusik ihre Mädchen zum Tanz unter dem Baum. Am darauffolgenden Montag wird der „Kerwa-Bär" mit Musik durchs Dorf getrieben.

Burgruine der Pechthaler

bargemeinde Nennslingen ersteigert.

Burgsalach
An Spuren aus der Römerzeit finden sich die Fundamente eines steinernen Wachturms und des „Burgus" (Kleinkastell), sowie ein nachgebauter römischer Wachturm aus Holz.

Kaltenbuch
Der Ort hat neben einer traumhaften Aussicht über das Fellbachtal eine **Steinerne Rinne** (siehe S. 61) zu bieten.

Geyern
Neben Geyern gehörten Bergen und Kaltenbuch zu den Besitztümern der **Schenken von Geyern**. Vom ehemaligen Schloß sind nur mehr das Amtshaus, eine kleine Kirche (sehenswerte Innenaussstattung) sowie ein Torbau erhalten.

Service und Adressen
Gasthof Lehmeier
Marktplatz 14, 91790 Nennslingen,
Tel. 09147/244
Traditionelles Gasthaus mit eigener Metzgerei. Versäumen Sie es nicht, den hauseigenen Schnaps zu probieren.

Bräustüberl Ritter St. Georgen
Marktplatz 1, 91790 Nennslingen,
Tel. 09826/5252
Der Name täuscht, es erwartet Sie statt einheimischer griechische Küche.

Privathaus „Alfred Grimm"
Gersdorfer Str. 7, 91790 Nennslingen,
Tel. 09147/1799, Fewo ab DM 44,–/Tag

Privathaus „Klinge-Berg"
Klingenbergstr. 17, 91790 Nennslingen,
Tel. 09147/293, Fewo ab DM 48,–/Tag

Privathaus „Michael Schuster"
Raitenbucher Str. 7, 91790 Nennslingen,
Tel. 09147/5120, Fewo ab DM 44,–/Tag

Landgasthof Syburg
Syburg 5, 91790 Bergen,
Tel. 09826/356, Ü/F ab DM 30,–
Traditionelles fränkisches Wirtshaus mit Metzgerei (Schlachttag Dienstag) und Biergarten.

Gasthaus „Walter Loy"
Reuther Str. 7, 91790 Bergen
Tel. 09148/288, Fewo ab DM 40,–/Tag

Ferienhaus „Veit"
OT Kaltenbuch Nr. 22, 91790 Bergen,
Tel. 09148/95095, Fewo ab DM 55,–/Tag

Ferienhaus „Familie Spiegel"
OT Kaltenbuch Nr. 20, 91790 Bergen,
Tel. 02324/40203, Fewo ab DM 78,–/Tag

Ferienwohnungen „Haus Dorfblick"
Bergstr. 45, 91790 Bergen,
Tel. 09147/1483, Fewo ab DM 40,–/Tag

Gasthof „Krone"
Hauptstr. 15, 91790 Raitenbuch
Tel. 09147/376, Ü/F DM 24,–

Altmühltal

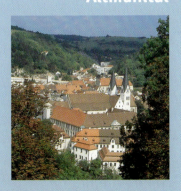

Im Tal des Archäopteryx

Das Altmühltal unterhalb von Treuchtlingen gehört zu den eindrucksvollsten Naturerlebnissen Deutschlands. Je nach Verkehrsmittel, ob per Pedes (S. 128), im Boot (S. 134), auf dem Fahrradsattel (S. 126) oder im Auto dauert die Route von Treuchtlingen nach Dietfurt am Main-Donau-Kanal zwischen wenigen Stunden und einigen Tagen. Wer sie hat, sollte sich die Zeit nehmen, eines der gemächlichen Verkehrsmittel zu benutzen, da sonst viel von dem Reiz des Tales nur am Auge vorbeirauscht.

Die Streckenführung finden Sie auf der hinteren Innenumschlagseite eingezeichnet.

Treuchtlingen

Treuchtlingen gilt noch immer als „die Eisenbahnerstadt". Heute wirken die Gleisanlagen des Eisenbahnknotenpunkts etwas überdimensioniert für die Regionalzüge, die hier noch vielfach starten und enden. Eine Dampflokomotive im Stadtpark erinnert an die Zeit, als alle Fernzüge auf dem Weg von Nord-, West- und Ostdeutschland nach München hier hielten. In der Stadt dampft es trotzdem weiter.

Mit einer staatlich anerkannten Thermal- und Heilquelle will man Fremde zum längeren Aufenthalt in die Stadt holen. Millionen wurden in das neue Bad, die **Altmühltherme**, investiert.

Zwei Festungen gibt es in der Stadt. Die obere liegt südlich der Bahn im Wald und ist als zum Teil wieder aufgebaute Ruine zu besichtigen. Die untere steht in der Stadt. Das Schloß ist heute Hotel und Haus des Gastes. Dominierender Komplex in der Altstadt ist daneben die Brauerei Schäff.

Fossa Carolina

Etwa zwei Kilometer nördlich der Stadt an der Bahnlinie nach Nürnberg befindet sich der erste Versuch, die Flußsysteme von Main und Donau mit einem Kanal zu verbinden.

Der 1.300 Meter lange Rest der von Karl dem Großen 793 veranlaßten „Fossa Carolina" befindet sich unweit des Örtchens Graben. Die zur 1200-Jahr-Feier zusammengetragene Dokumentation ist inzwischen Dauerausstellung.

Öffnungszeiten Ausstellung: Täglich außer Di. 13–17 Uhr

Schloß Treuchtlingen

Lokomotive im Stadtpark

Service und Adressen

Verkehrsamt Treuchtlingen
Heinrich-Aurnhammer-Str. 3, 91757
Treuchtlingen, Tel. 09142/312-1, Fax -0
Öffnungszeiten: Mo.–Fr. 9–12 u. 13–17
Uhr, Mai–Okt. Sa. 9–13 Uhr

Volkskundemuseum
Aurnhammerstr. 12, Tel. 09142/3840
Öffnungszeiten: Nur Führungen Di., Do.
u. Sa. 15 Uhr
Stadtgeschichte, bäuerliche, handwerkliche Gegenstände sowie Grabungsfunde
aus Frühgeschichte und römischer Zeit.

Aurnhammer-Sammlung
Treuchtlinger Schloß, Tel. 09142/3840
Öffnungszeiten: Führungen So. 15 Uhr
Dokumentation der Geschichte der Unternehmerfamilie Aurnhammer, Besitzer
einer Fabrik für leonische Waren.

Altmühltherme
Promenade 12, Tel. 09142/96020
Öffnungszeiten: tgl. 9–20 Uhr, Fr. 22 Uhr
Eintritt: Erw. ab DM 12,–, Ki. ab DM 8,–
Thermalbad mit Kurmittelhaus. Drei
Becken in der Halle mit Grotte, Strömungskanal, Sprudelbänke, Solarien,
Dampfbad und Außenanlage.

Schloßhotel
Heinrich-Aurnhammer-Str. 3, 91757
Treuchtlingen, Tel. 09142/10513, Fax
3489, Ü/F ab DM 90,–
Hotel-Restaurant im Schloß.

Wettelsheimer Keller
Tel. 09142/7740 u. 8691, geöffnet
1.Mai.–30.Sept. Do.–So. ab 10 Uhr
Auf halber Strecke zwischen Wettelsheim und Treuchtlingen liegt am Fuß des
Patrichberges einer der bekanntesten
Bierkeller der Region.

Wettelsheim

Das malerische Wettelsheim, ein
Bachangerdorf wie Meinheim, ist
unter Archäologen ein Begriff. Bis in
die Jungsteinzeit zurück läßt sich
anhand von Gräberfunden die Besiedelung nachweisen.

Ortssammlung
Pfarrgasse, Tel. 09142/8550
Öffnungszeiten: Nach Vereinbarung

Pappenheim

Hier kamen tatsächlich jene her,
über die es in Schillers „Wallenstein" heißt: „Daran erkenn' ich
meine Pappenheimer." Gemeint war
damit eine Truppe von Panzerreitern, die von dem 1632 im Kampf
gegen die Schweden gefallenen Generalfeldmarschall Gottfried Heinrich von Pappenheim aufgestellt
worden war. Es gibt aber noch eine
anrüchigere Frühvariante: Aufgabe
der Pappenheimer im Nürnberg des
Mittelalters war es, nachts Aborte
und Kloaken zu reinigen.

Die **Ruine der Stammburg** der
Reichsmarschälle von Pappenheim
überragt noch heute den malerischen Luftkurort. Auf dem Weg hinauf wird das ehemalige Augustinerkloster mit seiner schönen Kirche
sowie das Obere Tor passiert.

Das neben der Burg bekannteste
Baudenkmal steht am anderen Alt-

Burg Pappenheim

mühlufer: Die **St.-Gallus-Kirche**, ein romanische Gotteshaus aus dem 9. Jahrhundert. Die übrigen Sehenswürdigkeiten (Rathaus, Altes und Neues Schloß sowie ein rundes Dutzend weiterer Baudenkmäler) liegen in der **Altmühlschleife** am Marktplatz, Graf-Carl-Straße und Wilhelm-Deisinger-Straße. Pappenheim hatte einst eine bedeutende jüdische Gemeinde. Faltblatt mit Stadtrundgang im Haus des Gastes.

Service und Adressen

Haus des Gastes
Kirchengasse 1, 91788 Pappenheim, Tel. 09143/6266, Fax 6203

Burgruine und Falknerei
Gräfl. Verwaltung, 91788 Pappenheim, Tel. 09143/305
Öffnungszeiten: Di.–So. 9–18 Uhr
Burganlage mit Bergfried (Aussicht), Museum, Imbiß, Falknerei.

Freibad
Schützenstraße, Tel. 09143/1377
Öffnungszeiten: Mai–Sept. 10–19.30 Uhr (Juni–Aug. ab 9 Uhr)
Eintritt: Ki./Jugendl. DM 2,50 Erw. 3,50

Minigolfplatz
Stadtparkstraße, 91788 Pappenheim
Öffnungszeiten: Mai–Okt. 10–20 Uhr

Hotel Krone
Marktplatz 6, 91788 Pappenheim, Tel. 09143/8380-0, Fax -38, Ü/F ab DM 45,–
Traditionshaus mit gutem Restaurant direkt an der Altmühl (schöne Terrasse, Biergarten), jüngst renoviert.

„Zur Sonne"
W.-Deisinger-Str. 20, 91788 Pappenheim, Tel. 09143/8314-0, Fax -50, Ü/F ab DM 47,–, Mo. Ruhetag
Alteingesessen, aber modern eingerichtet. Die Küche legt Wert auf heimische Produkte. Terrasse nach hinten heraus.

Natur Camping
91788 Pappenheim, Tel. 09143/1275
Öffnungszeiten: 1. April–31. Okt.
Gebühren: Pkw, Caravan u. Womo DM 9,–, Erw DM 7,–, Ki. (b. 12 J.) DM 5,–

Ur-Geschichte in Stein

Die Suche nach Fossilien gehört zu den beliebtesten Beschäftigungen im Altmühltal. Die Tiere waren vor 150 Millionen Jahren in dem einst von einem flachen Meer bedeckten Jura abgestorben, auf den Meeresboden gesunken und mit Kalkschlamm zugedeckt worden.

Aber Achtung, es darf nicht überall zum Hammer gegriffen werden. Zwei Steinbrüche sind freigegeben: Mörnsheim-Apfeltal, etwas abseits der Straße von Mühlheim nach Solnhofen, und Eichstätt-Blumenberg, drei Kilometer westlich von Eichstätt, beim Museum Bergèr (S. 112). Hier gibt es auch Werkzeuge.

Hammer und Meißel für den Steinbruch Apfeltal sind im Fremdenverkehrsamt Mörnsheim erhältlich. Bevor Sie einen Urvogel zertrümmern, sollten Sie das Faltblatt für Fossiliensammler des Naturpark Altmühltal lesen.

Solnhofen

Geschichte und Gegenwart Solnhofens ist eng mit dem Stein verbunden: Der Solnhofener „Marmor" stammt aus den Brüchen in der Umgebung, hier wurde der Steindruck (Lithographie) erfunden, und der Ort ist eine Fundstelle des Urvogels Archäopteryx. Er hängt neben anderen Exponaten im Bürgermeister-Müller-Museum. Mekka für Kunst- und Kirchenhistoriker sind die Reste der **Solabasilika**, deren älteste Teile aus dem 6. Jahrhundert stammen.

Viele alte Häuser in der Gegend besitzen nach wie vor die traditionellen Legschieferdächer.

Service und Adressen

Verkehrsamt Solnhofen
Rathaus, 91807 Solnhofen,
Tel. 09145/8320-20, Fax -50
Öffnungszeiten: Mo.–Do. 9–12 Uhr u.
13–17 Uhr, Fr. 9–12 Uhr

Bürgermeister-Müller-Museum
Bahnhofstr. 8, 91807 Solnhofen,
Tel. 09145/6777
Öffnungszeiten: Apr.–Okt. 9–12 Uhr u.
13–17 Uhr, Nov.–März So. 13–16 Uhr
Weltberühmte Fossiliensammlung mit
dem Original des sechsten Fundes des
Urvogels Archäopteryx. Außerdem Infor-
mationen über die Arbeit im Steinbruch
und die von Alois Senefelder erfundene
Lithographie.

Gasthof Adler
Pappenheimer Str. 5, 91807 Solnhofen,
Tel. 09145/8311-0, Fax -33,
Ü/F ab DM 45,–
Fußböden mit Solnhofener Platten, die
Möbel vom örtlichen Schreiner – und
auch in der Küche wird auf regionale
Herkunft der Produkte geachtet.

Theater-Gasthaus Alte Schule
Ferd.-Arauner-Str. 20, 91807 Solnhofen,
Tel. 09145/6422
Kultur-Gasthaus mit schönem Biergar-
ten.

Zwölf Apostel

Wir verlassen Solnhofen und fahren
direkt auf die „zwölf Apostel" zu.
Die Felsengruppe oberhalb der
Straße nach Dollnstein gehört zu
den landschaftlichen Höhepunkten

Altmühltaler Lamm

Die für das Altmühltal typischen
Trockenrasenflächen sind eine
klassische Kulturlandschaft. Sie
würde es nämlich nicht geben,
wenn die Hänge nicht regelmäßig von Schafherden bewei-
det würden. Die Schafhaltung
wird deshalb von halbstaatli-
chen und staatlichen Stellen un-
terstützt.

Eine dieser Initiativen ist das
„Altmühltaler Lamm". Mit Hilfe
von Gasthäusern und Metzgerei-
en werden die Tiere unter dem
Motto „Naturschutz geht durch
den Magen" an den Verbraucher
gebracht.
Adressenliste: Landschaftspfle-
geverband Mittelfranken, Eyber
Str. 2, 91522 Ansbach,
Tel. 0981/9504-245

des Tales mit seinen Jurahängen
und Wacholderheiden.

An der Straßenbrücke über die
Altmühl bei Altdorf zweigt rechts
das Gailachtal ab. Ein Abstecher
hinein nach Mörnsheim und Mühlheim lohnt sich allemal. Idyllisch
schlängelt sich das Bächlein durch
das Tal mit bewaldeten Hängen und
den typischen Jurarasenflächen.

Kronmühle im Gailachtal

Mörnsheim

Mörnsheim liegt zu Füßen einer zugänglichen **Burgruine**, die im 13. Jahrhundert auf Veranlassung des Eichstätter Bischofs errichtet wurde. 400 Jahre später zogen die Verwalter des Bischofs in den Marktflecken im Tal, wo 1612 der markante **Kastenhof** gebaut wurde. Aus der Zeit des Burgbaus stammt die Pfarrkirche St. Anna.

Mühlheim

Wildromantisches Bachangerdorf – in der Kapelle St. Cyriacus Reste von Vorgängerbauten aus karolingischer Zeit (9. Jahrhundert).

Verkehrsamt Mörnsheim
Kastnerplatz 1, 91804 Mörnsheim, Tel. 09145/494, Fax 6646
Öffnungszeiten: Mai–Okt Mo.–Fr. 15.30–17.30 Uhr

Museum auf dem Maxberg
Maxberg, 91807 Solnhofen-Maxberg, Tel. 09145/411
Öffnungszeiten: Apr.–Okt. 8.30–12 Uhr u. 13–16.45 Uhr, Nov.–März So. 10–16 Uhr
Das Museum zeigt Versteinerungen, die Verwendung der Plattenkalke im Bauwesen sowie die Geschichte des Steindrucks (Lithographie).

Gasthof „Zum Brunnen"
Brunnenplatz 1, 91804 Mörnsheim, Tel. 09145/7127, Fax 1079, Ü/F ab DM 40,–
Neuerer Gasthof. Eingestellt auf Radler und Familien.

Hammermühle
Zurück an der Altmühl ist es nicht mehr weit bis zur Hammermühle. Hinter dem steinernen Wehr liegt einer der schönsten Rastplätze am Fluß.

Bei Dollnstein wird das Tal durch ein Felsentor eingeengt, um dann plötzlich breiter als je zuvor zu werden. Die Bebauung des Städtchens verhindert den direkten Blick auf die Flußgeschichte: Einst mündete die Altmühl hier in die Ur-Donau. Flußabwärts hat das Altmühltal deshalb ganz andere Dimensionen.

Durchs „Wellheimer Trockental" läßt es sich bequem an die Donau radeln. (Mit Glück fährt die Urdonau-Dampfbahn wieder, die ihren Betrieb eingestellt hat, weil Sponsoren fehlen, Info unter Tel. 0841/66380 oder 85749.

Dollnstein

Dollnstein ist beliebte Station für Wanderer zu Fuß, per Rad und Boot. Um eine Touristenattraktion haben sich die Dollnsteiner selbst gebracht: Ihre Burg brachen sie im 19. Jahrhundert ab und verwendeten die Steine als Baumaterial. Erhalten sind dagegen große Teile der Stadtmauer sowie einer der beiden früheren Türme. In der Pfarrkirche St. Peter und Paul hängt ein Altarbild des Malers Hans Schäufelin.

Service und Adressen

Verkehrsverein Dollnstein
Papst-Viktor-Str. 35, 91795 Dollnstein,
Tel. 08422/1502, Fax 585
Öffnungszeiten: 1.Mai–9.Okt Mo.–Fr.
9–11 Uhr u. 15.30–17.30 Uhr,
Mi. 17–18 Uhr

Gasthaus „Zum Kirchenschmied"
Papst-Viktor-Str. 21, 91795 Dollnstein,
Tel. 08422/1512, Fax 1514,
Ü/F ab DM 45,–
Die ehemalige Schmiede ist seit 1992 Gasthaus, entsprechend modern und komfortabel ist die Ausstattung.

Camping Dollnstein
Brückenstr. 11a, 91795 Dollnstein,
Tel. 08422/846, Fax 1719
Öffnungszeiten: 1. April–25. Okt.
Gebühren: Pkw u. Caravan DM 7,50,
Womo DM 6,–, Erw. DM 6,50,
Kinder (b. 14 J.) DM 4,–

Zeltplatz Breitenfurt
Schulstr. 13, 91795 Dollnstein,
Tel. 08422/567
Öffnungszeiten: April–Okt.
Gebühren: Person DM 5,50, Zelt DM 3,–,
Auto DM 3,–

„Schilderwald" bei Dollnstein

Schernfeld

In der Kirche St. Georg befindet sich ein Kruzifix von Loy Hering.

Obereichstätt

Obereichstätt bietet sich als Ausgangspunkt für einen Spaziergang in die charakteristische Steppenheideflora an, die am Hang oberhalb des Ortes gedeiht. Sehenswert im Ort sind die ehemalige **Wehrkirche** (Kruzifix) und eine kleine **Wallfahrtskapelle** (Fresken).

Hotel „Hüttenschänke"
Allee 15, 91795 Obereichstätt
Tel 08421/9797-0, Fax -7,
Ü/F ab DM 45,–
Modern ausgestatteter Gasthof.

Paddler auf der Altmühl bei Dollnstein

Eichstätt

Bischofssitz und Universitätsstadt, in Eichstätt gehört beides zusammen. Von der einstigen Macht der geistlichen Residenzstadt ist noch heute viel zu spüren. Zwischen den Felsen des Tales drängen sich die Baukunstwerke der Barockzeit. Wenn die Sonne scheint und nicht gerade Semesterferien sind,- herrscht südländische Atmosphäre an der Altmühl.

Tourist-Information Eichstätt
Kardinal-Preysing-Platz 14, 85072 Eichstätt, Tel. 08421/9880-0, Fax -30
Öffnungszeiten: Apr.–Okt. Mo.–Sa. 9–17 Uhr, Feiertage 10–17 Uhr, Nov.–März Mo.–Do. 9–12 Uhr u. 14–16 Uhr, Fr. 9–12 Uhr
Monatlicher Veranstaltungskalender „Was ist los", der in Geschäften ausliegt und von der Tourist-Information verschickt wird.

Highlights

❶ Dom
❷ Fürstbischöfliche Residenz
❸ Residenzplatz
❹ Altes Stadttheater
❺ Erlöserkirche
❻ Bischöfliches Palais
❼ Bischöfliches Ordinariat
❽ Schutzengelkirche
❾ Hofgarten
❿ Kapuzinerkloster
⓫ Notre Dame
⓬ Dominikanerkloster
⓭ Marktplatz
⓮ St. Walburg
⓯ Willibaldsburg

Geschichte

Die Geschichte von Eichstätt ist vor allem Kirchengeschichte. Der Einfluß der Bischöfe war nicht nur in geistlicher Hinsicht groß und auch nicht auf die Stadt beschränkt. Das Machtgeflecht reichte weit über die Stadtgrenzen hinaus.

Vom Angelsachsen Winfried Bonifatius war der Heilige Willibald, der

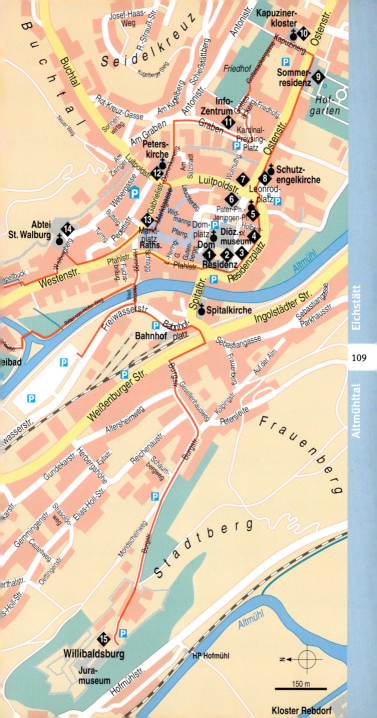

Buchtal

Josef-Haas-Weg

R.-Strauß-Str.

Kapuziner-kloster 10

Ostenstr.

Antonistr.

Seidelkreuz

Kapuzinerg.

Schießstättberg

Buchtal

Kügelbergs.steig

Friedhof

Sommer-residenz 9

Rot-Kreuz-Gasse

Am Kügelberg

Antonistr.

Gottesackergasse

Hof-garten

Sonnen-wirtsg.

Neuer Weg

Info-Zentrum 11

Gottes-acker/Friedhofg.

Graben

Am Graben

Kardinal-Preysing-Platz

Ostenstr.

Wohnung.

Peters-kirche 12

Am Zwinger

Luitpoldstr.

Ommelmannsg.

Am Salzstadt

Luitpoldstr. 7

Schutz-engelkirche 8

Webergasse

Gabrielistr.

Leonrod-platz

6

Marktgasse

Lederstr.

Pater-Ph.-Jenningen-Pl.

5

Holbein.

Abtei St. Walburg 14

Buttelg.

Pedettistr.

13

Widmann-g.

Dioz.pl.

Diöz.-museum

Markt-platz

Pfarrg.

Dom-platz

4

Spellbuck

Turmg.

Pfahlstr.

Fuchs-bräug.

Herreng.

Gutenberg.

Dom 3 1 2

Residenz

Altmühl

Residenzplatz

Westenstr.

Pfahlstr.

Pfahlstr.

Spitalbr.

Ingolstädter Str.

Sebastiangasse

Parkhausstr.

Ritter-von-Hofer-Weg

Freiwasserstr.

Spitalkirche

Bahnhof

Bahnhof platz

Sebastiangasse

Weißenburger Str.

Bürgstr.

Gesellenhausweg

Frauenberg

Auf der Aln

Frauenberg

wasserstr.

Kolpingstr.

Petersleite

Altersheimweg

Herbergshöhe

Eybstr.

Reichenaustr.

Schaum-bergweg

Gundekarstr.

Elias-Holl-Str.

Stadtberg

Gemmingenstr.

Sifesoldo-weg

Castellweg

Oettingenstr.

Montscheinweg

Bürgstr.

Altmühl

15

Willibaldsburg

Jura-museum

Hofmühlstr.

HP Hofmühl

150 m

Kloster Rebdorf

einem in Stein und Bronze auf Schritt und Tritt in der Stadt begegnet, 739 zur Missionierung der Franken ins Altmühltal geschickt worden. Auf den Resten einer abgebrannten Siedlung gründete er sein erstes Kloster. Die Fundamente davon wurden bei Renovierungsabeiten im Dom 1970 ausgegraben.

Stadtrundgang

↓ Anfahrt

Zwischen Stadt-Bahnhof und Altmühl gibt es Dauerparkplätze, von denen die Altstadt in wenigen Minuten über eine Fußgängerbrücke erreicht wird. Achtung bei Anreise mit der Bahn: Der „Fernbahnhof" liegt außerhalb, eine Stichbahn bringt Sie in die Stadt.

Dauer

Ohne Besichtigungen 2,5 Stunden.

Dom ❶

Über die Pfahlstraße oder die Spitalbrücke gelangen Sie zum geistlichen Zentrum der Stadt, dem Dom. Die Vorgängerbauten der spätgotischen Hallenkirche standen schon im 8. Jahrhundert dort.

Die heute zu sehenden Bauteile stammen überwiegend aus dem 11. bis 16. Jahrhundert. Die Westfassade ist ein Werk von Gabriel de Gabrieli.

Zu den Kunstschätzen gehören der Pappenheimer Altar, der Hochaltar, der Hl. Willibald, der Loy Hering zugeschrieben wird, die Buchenhüller Madonna und die Glasfenster. Über dem Kreuzgang befindet sich das **Diözesan-Museum**.

Öffnungszeiten Museum: 1. Apr.– 31. Okt. Di–Sa 9.30–13 Uhr u. 14–17 Uhr, So. 11–17 Uhr, Nov.–März auf Anfrage unter Tel. 08421/50742

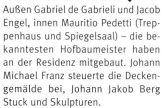

Fürstbischöfliche Residenz ❷

Außen Gabriel de Gabrieli und Jacob Engel, innen Mauritio Pedetti (Treppenhaus und Spiegelsaal) – die bekanntesten Hofbaumeister haben an der Residenz mitgebaut. Johann Michael Franz steuerte die Deckengemälde bei, Johann Jakob Berg Stuck und Skulpturen.

Heute residiert hier der Landrat. In der ehemaligen Kapelle sind Werke von C. O. Müller ausgestellt, dem sogenanten „Cézanne des Altmühltales".

Führungen Galerie: Mo.–Do. 11 u. 15 Uhr, Fr. 10 Uhr, Sa. u. So. 10 Uhr–15.30 alle 30 Min., außer mittags

Leonrodplatz

Residenzplatz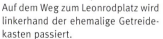

Die Baumeister der Residenz haben nach dessen Fertigstellung auch das städtebauliche Gesamtkunstwerk davor geschaffen:

De Gabrieli die Fassaden, Pedetti Marienbrunnen und -säule, Berg die Figuren.

Altes Stadttheater ❹

Auf dem Weg zum Leonrodplatz wird linkerhand der ehemalige Getreidekasten passiert.

Er ist heute Kino-, Kultur- und Tagungszentrum.

Nächste Stationen auf unserem Weg sind die ev.-luth. **Erlöserkirche** ❺ (von August Thiersch, 19. Jahrhundert), das **Bischöfliche Palais** ❻ (Gabriel de Gabrieli) und das **Bischöfliche Ordinariat** ❼, von Pedetti über ältere Gebäudeteile gebaut.

Schutzengelkirche ❽

Die Schutzengelkirche, eine Wandpfeilerkirche aus dem 17. Jahrhundert, bestimmt den Leonrodplatz, dessen übrige Bebauung von den barocken Hofbaumeistern stammt. Der Wittelsbacher Brunnen ist allerdings neubarock. Die reiche Innenausstattung der ehemaligen Jesuitenkirche mit Fresken, Altären und Gemälden ist etwa 100 Jahre jünger als der Kirchenbau. Das benachbarte ehemalige Jesuitenkollegium ist heute Priesterseminar. Verlassen Sie den Platz über die Ostenstraße.

Hofgarten, Sommerresidenz ❾

Angelegt als französischer Garten, wurde der Hofgarten später „englisch" umgestaltet. Pavillons und Springbrunnen von de Gabrieli und Pedetti. Das ehemalige Lustschloß (Gabriel de Gabrieli) beherbergt heute die Universitätsverwaltung.

Mariensäule

Kapuzinerkloster ❿

Bedeutsam auf dem Gelände des noch ein Stückchen weiter stadtauswärts liegenden Klosters ist das Innere der schlichten Barockkirche: Hier steht eine Nachbildung des Hl. Grabes von Jerusalem aus dem 12. Jahrhundert. Zurück geht es am Friedhof entlang.

Notre Dame ⓫

Öffnungszeiten: Mo.–Sa. 9–18 Uhr, So. 10–18 Uhr

Das ehemalige Kloster (Zentralbau Gabriel de Gabrieli) ist heute Informations- und Ausstellungszentrums des Naturparks Altmühltal, der Klostergarten ein Biotop. Wir gehen die Straße Am Graben noch ein kleines Stückchen hoch und dann links den kleinen Fußweg zum Gymnasium hinab. Am Ende kommen wir am ehemaligen **Dominikanerkloster St. Peter** ⓬ vorbei. Es ist heute Teil des **Gabrieli-Gymnasiums**, die frühere Kirche dient als Aula. Über Gabrielistraße und Marktgasse geht es zum weltlichen Zentrum. Sofern genug Zeit ist, lohnt sich ein Abstecher in die Gassen, auch wenn vom Glanz der übrigen Stadt hier weniger zu spüren ist.

Marktplatz 🔶

Bürgerliche Mitte der Stadt ist der Marktplatz mit dem **Willibaldsbrunnen** aus dem 17. Jahrhundert, aus dem auch der Großteil der übrigen Bebauung um den Platz stammt. Der Rathausturm ist etwas älter, das Gebäude erhielt sein heutiges Aussehen 1823. Mittwochs und samstags ist Wochenmarkt. Über die Westenstraße geht es zur letzten Station in der Innenstadt.

St. Walburg 🔶

Um das Grab der in Heidenheim verstorbenen Heiligen Walburga entstand 1035 ein Benediktinerinnenkloster. Ihr heutiges Aussehen erhielt die weitläufige und reich ausgestattete Anlage im 16. und 17. Jahrhundert.

Für den Rückweg bietet sich ein Gang an der Altmühl an. Gehen Sie dazu noch ein Stück die Westenstraße stadtauswärts (vorbei am Wasserrad) und dann links zum Fluß hinunter.

Willibaldsburg 🔶

Auf der Felszunge über der Stadt residierten von 1355 bis 1725 die

---

Figurenfeld im Hessental

Nach Barock und Rokoko nun einmal moderne Kunst. 78 überlebensgroße Plastiken des Bildhauers und Malers Alois Wünsche-Mitterecker stehen am Hang des Hessentales. Das Mahnmal gegen Krieg und Gewalt befindet sich links an der Straße von Eichstätt Richtung Pfünz kurz vor Landershofen (P-Platz kurz vor dem Ort). Außerdem ist es über die Jura-Hochstraße erreichbar.

Bischöfe. Bauten von der Gründung bis ins 18. Jahrhundert prägen die schwer einnehmbare Anlage. Nach Plänen von Elias Holl entstand Anfang des 17. Jahrhunderts der von weitem sichtbare Renaissancebau mit seiner Zweiturmfassade. Untergebracht sind in Teilen des Gebäudes das Juramuseum sowie das Ur- und Frühgeschichtliche Museum.

Juramuseum
Burgstr. 19, Tel. 08421/2956
Öffnungszeiten: Apr.–Sept. Di.–So. 9–12 Uhr u. 13–17 Uhr, Okt.–März Di.–So. 10–12 Uhr u. 13–16 Uhr, Schau 10.15 u. 14.30 Uhr
Im Mittelpunkt des Museums stehen die Fossilien, darunter ein Exemplar des Urvogels Archäopteryx. Weitere Abteilungen behandeln die Geologie Nordbayerns, das Nördlinger Ries und die Jura-Landschaft. Eine Multivisionsschau beschreibt die Entstehung des Lebens.

Museum Ur- und Frühgeschichte
Öffnungszeiten: wie Jura-Museum
Gezeigt wird die Entwicklungsgeschichte der Region von der Steinzeit bis zum Mittelalter. Neben Exponaten zur Siedlungsgeschichte ist ein 60.000 Jahre altes Mammutskelett das spektakulärste Stück.

Museum Bergèr
Harthof, 85072 Eichstätt, Tel. 08421/4663
Öffnungszeiten: tägl. 13.30–17 Uhr, So. auch 10–12 Uhr
Gezeigt werden Fossilien und Mineralien. Hier Werkzeugverleih für den nahen Sammler-Steinbruch in Blumenberg (siehe S. 104).

Frauenberg
Von der Straße zur Burg geht es links auf den Frauenberg. Der Gang

(Autos dürfen nicht rauf) wird mit schönm Blick auf Stadt und Tal belohnt. Gekrönt wird die Anhöhe von der **Marienkapelle**, 1739 von Gabriel de Gabrieli vollendet. Fußmarsch zur Willibaldsburg möglich.

Kloster Rebdorf
Am Stadtrand liegt unübersehbar in den Altmühlauen das ehemalige Augustinerchorherrenstift. Bekannt ist der Arkadenhof (de Gabrieli).

Service und Adressen
Domherrenhof
Domplatz 5, 85072 Eichstätt, Tel. 08421/6126, Fax 80849, Mo. Ruhetag
Wenn es mal etwas besonderes und auch etwas teurer sein darf.

Krone
Domplatz 3, 85072 Eichstätt, Tel. 08421/4406, Fax 4172
Regionale Küche auf gutem Niveau, dafür nicht zu teuer. Geschmackvoll eingerichtet, schöner Biergarten im Innenhof.

Residenz-Café
Pfahlstr. 15, 85072 Eichstätt, Tel. 08421/3824
Idyllische Terrasse direkt an der Altmühl. Große Frühstückskarte, u.a. Harald-J.-Frühstück: Espresso, Schnaps und Roth-Händle ohne Filter.

Croatia-Grill
Kolpingstr. 1, 85072 Eichstätt, Tel. 08421/2816, Di. Ruhetag
Der Name „Grill" sorgt vielleicht für falsche Vorstellungen. Ein helles, lichtdurchflutetes Restaurant an der Auffahrt zur Willibaldsburg. Schöne Terrasse.

Hotel Schießstätt
Schießstättberg. 8, 85072 Eichstätt, Tel. 08421/9820-0, Fax -80, Ü/F ab DM 55,–

Jüngst renoviertes Hotel in der Nähe des Informationszentrums Altmühltal.

Burgschänke
Burgstr. 19, 85072 Eichstätt, Tel. 08421/4970, Fax 8349, Mo. Ruhetag, Ü/F DM 55,–
Hotel- und Gasthof liegen auf dem Hof der Willibaldsburg, im ehemaligen Spitalhof befinden sich 17 moderne Fremdenzimmer.

Klosterstuben
Turmgasse 7, 85072 Eichstätt, Tel. 08421/3500, Fax 3900, Ü/F DM 50–70,–
Zentrales, aber ruhiges, neues Gästehaus. Das Restaurant bietet gute und solide bayerische Küche.

Waldgasthof Geländer
Geländer, 85072 Eichstätt, Tel. 08421/6761, Fax 2614, Ü/F ab DM 45,–
Beliebtes Ausflugsziel mit guter Küche an der B13 Richtung Weißenburg, ca. 10 Kilometer außerhalb der Stadt.

Hotel Adler
Marktplatz 22-24, 85072 Eichstätt, Tel. 08421/6767, Fax 8283, Ü/F ab DM 70,–
Modernste Zimmer hinter historischer Kulisse, Frühstücksbuffet mit Bioecke. Außerdem ein guter Italiener im Gewölbekeller.

Beheiztes Freibad
Wasserwiese 2, Tel. 08421/4512
Öffnungszeiten: Mai–Sept. 8–18 Uhr (bei Sonne 20 Uhr)
Eintritt: DM 4,–, Erm. DM 2,–
Riesenrutsche, Sprunganlage, mehrere Becken.

Hallenbad
Schottenau 29, Tel. 08421/2797
Öffnungszeiten: Okt.–Mai Di.–Fr. 17–21.30 Uhr, Sa. 8.30–18 Uhr, So. 8.30–13 Uhr
Eintritt: DM 3,–, Erm. DM 2,–

Bis zum bitteren Kanal

Pfünz

Der Ortsname leitet sich von vom lateinischen Wort für Brücke, pons, ab. Die Tatsache, daß schon die Römer den Altmühlübergang an dieser Stelle zu schätzen wußten, und die zwei römischen Legionäre am Ortseingang verleiten dazu, die mittelalterliche, vierbogige Steinbrücke über den Fluß als „Römerbrücke" zu bezeichnen. Auch wenn sie nicht so alt ist, wie man bisweilen denkt, ein beliebtes Fotomotiv ist sie allemal.

Echt römisch ist dagegen das **ehemalige Kastell** „Vetonianis", das oberhalb des Ortes liegt. Im rekonstruierten Nordtor ist eine Wachstube als Miniatur-Museum eingerichtet.

233 wurde das Kastell beim Alamannensturm zerstört. Der Angriff kam offenbar überraschend, denn bei den Ausgrabungen wurde festgestellt, daß die Verteidiger nicht

Einmal im Jahr, am dritten Wochenende im Juli, kehrt Leben im Kastell ein. Beim **Römerfest** wird nach alten Rezepturen getafelt, gewerkelt und auch gekämpft. Zum Einsatz kommen auch Katapult und Steinschleuder, für die die Frauen des Ortes Haare lassen, und die eine Reichweite von 500 Metern hat.

einmal Zeit hatten, ihre Schilde zu ergreifen. Ein Gefangener verbrannte im Gefängnis – am Unterschenkelknochen fand man noch die Eisenfessel.

Im Ort selber befindet sich ein **Schloß** (1710, Jakob Engel), das heute als Jugendhaus der Diözese genutzt wird. In der kath. Kirche St. Nikolaus befindet sich ein spätgotisches Kruzifix aus dem 15. Jahrhundert.

ehemaliges Kastell

Schloß Inching

Inching

Das **kleine Schlößchen** am Altmühlufer war eine Sommerresidenz der
Eichstätter Bischöfe. Der Bau aus
dem 12. Jahrhundert wurde von
Jakob Engel (außen) und Gabriel de
Gabrieli (Saal) barockisiert. Im Garten ein Rokoko-Pavillon. Die heutigen Eigentümer vermieten einen Teil
als Ferienwohnung. Barocke Schä-
tze birgt auch die **Kirche St. Martin**.
Für die Weiterfahrt bleiben wir am
nördlichen Altmühlufer.

Schloßgut Inching
Fam. Böhm, 08426/981-66,
Fax -68, Fewo pro Tag DM 85,–
(f. 2 Pers, weitere je DM 25,–), nur
an Nichtraucher
Ferienwohnung im Erdgeschoß des
ehemaligen Schlosses. Uriger Garten mit viel drumherum direkt am
Altmühlufer.

Gasthof Fischerwirt
Martinstr. 5, 85137 Inching, Tel.
08426/249, Ü/F DM 30,–
Schön in Flußnähe gelegen, eigene
Fischwässer, Brotzeiten, Terrasse.

Walting

Rund um die Gemeinde wurde einst
Wein angebaut. Daran erinnern die
Reben an der Barockkanzel in der
kath. **Pfarrkirche St. Johannes**. An
der Stelle des Gotteshauses stand
wahrscheinlich einmal eine Burg.
Ein Graben ist heute noch zu sehen.
Zu Fuß läßt sich in einem gut einein-
halbstündigen Spaziergang ein Ausflug zur **Mammuthöhle** machen,
Fundort mehrerer Skelette der Vor-
zeit-Tiere.

Hotel Gut Moierhof
Leonhardistr. 11, 85137 Walting,
Tel. 08426/416, Fax 418,
Ü/F ab DM 45,–
Die kleine Hotel-, Restaurant-, Ta-
gungs- und Kuranlage befindet sich
auf dem Gelände eines alten Hofes.
Im Mittelalter wurde hier die Holz-

kohle für die Eisenhütte der Bischöfe gewonnen. Die Betreiberfamilie
Wittmann hat die historischen Gebäude mit Liebe bis ins kleinste Detail der Einrichtung hergerichtet.
Eine Spezialität sind Schrotkuren
zur Entschlackung des Körpers.

Rieshofen

Bei der Anfahrt über die kleine
Straße nördlich des Flusses fällt
rechts der Blick auf einen Bergfried.
Er ist Teil einer ehemaligen Wasserburg.

Gasthof Bauer
Dorfstr. 15, 85137 Rieshofen,
Tel. 08426/266, Fax 419,
Ü/F ab DM 30,–
Typischer Landgasthof mit ange-
schlossener Landwirtschaft, deren
Produkte in der Küche frisch verar-
beitet werden.

Pfalzpaint

Der alte Adelssitz beherbergt ein
Schloß aus dem 18. Jahrhundert
und einen ehemaligen romanischen
Bergfried. In der katholischen Kirche **St. Andreas** (1707, Jakob Engel)
steht eine kirchengeschichtlich in-
teressante Holzfigur des an ein
Kreuz gefesselten Namenspatrons.

Bergfried bei Rieshofen

Blick ins Altmühltal bei Arnsberg

Gungolding

Der Ort ist Namensgeber für eine
der schönsten Wacholderheiden des
Tals, der **Gungoldinger Heide**. Am
Dorf selbst steht die katholische Kirche Mariä Himmelfahrt. Die ehemalige Wehrkirche erhielt 1740 von Gabriel de Gabrieli ihr heutiges Aussehen.

Arnsberg

Funde aus der Bronze- und Eisenzeit
weisen auf eine frühe Besiedlung
des Fleckchens unterhalb eines 120
Meter hohen Felsens hin. Oben auf
dem Plateau stehen die ansehnli-
chen Reste einer einst größeren
Burganlage, die in ihrer tausend-
jährigen Geschichte mehrfach den
Besitzer wechselte.

Unter anderem war sie Sommer-
schloß der Eichstätter Bischöfe.
Heute beherbergt die Burg einen
Hotel- und Restaurantbetrieb mit
herrlicher Aussicht. Früher waren
Ort und Burg durch Mauern verbunden, davon sind aber nur noch Reste
zu sehen.

Im romantischen Ort mit dem **Kipfenberger Tor** am Fuße des Felsens
haben Eternit und Betonpfannen
fast alle traditionellen Legeschiefer-

einen halben Kilometer westlich des Ortes. Die Kirche des Ortes mit ihrem Treppengiebelturm hat ihren Ursprung im 12. Jahrhundert.

Kipfenberg

Bewaldete Hänge und darüber die **Burg** – doch das Schmuckstück ist nicht zugänglich. Dennoch ist der Ort ein Fremdenverkehrszentrum, Restaurants und Cafés gibt es rund um den Marktplatz, in dessen Mitte der **Fasenickl-Brunnen** steht. Unweit des Ortes überquerte einst der **Limes** die Altmühl ein zweites Mal.

Dächer abgelöst. Weithin sichtbar wegen ihrer Lage am Hang ist die **Wallfahrtskirche St. Sebastian** (1770, Maurizio Pedetti).

Hotel-Restaurant Schloß Arnsberg
85110 Arnsberg, Tel. 08465/3154, Fax 1015, Ü/F DM 67,50
Schlafen unter geschichtsträchtigen Dächern.

Böhming

Wer genau hinschaut, sieht noch die Spuren eines römischen Kastells

Der Fasenickl

Schnalzend und eben faselnd zieht der Fasenickl durch die fränkische Fastnacht und verteilt Brezen und Guatln (Bonbons). Sein Kennzeichen ist die prunkvoll geschnitzte Maske. Mehrere davon werden im Fasenickl-Museum, Torbäckgasse, (Tel. 08465/941041), gezeigt. Außerdem geht es um den Brauch insgesamt und die Herstellung des Kostüms.
Öffnungszeiten: Apr.–Okt. Mi. 16–18 Uhr, So. 14–17 Uhr

Tourist-Information
Marktplatz 2 (Rathaus), 85110 Kipfenberg, Tel. 08465/9410-41, Fax -43
Öffnungszeiten: Juli–Sept. Mo.–Fr. 8.30–12 Uhr u. 14–19 Uhr (Fr. 16–19 Uhr), Sa. 16–19 Uhr

Gasthof Zum Limes
Marktplatz 8, 85110 Kipfenberg, Tel. 08465/631, Ü/F ab DM 35,–
Gemütlicher Gasthof mit guter bayerischer Küche und schönem Biergarten.

Kipfenberg

Gasthof Alter Peter
Marktplatz 16, 85110 Kipfenberg,
Tel. 08465/297, Ü/F ab DM 45,–
Neuer Gasthof in der Ortsmitte, vielseitige Speisekarte.

Camping „Altmühltal"
85110 Kipfenberg, Tel. 08465/588
Öffnungszeiten: ganzjährig.
Gebühren: Stellplatz DM 13,–, Erw.
DM 10,–, Kinder (b. 12 J.) DM 7,–

Grösdorf
Grösdorf besitzt vor allem zwei sehenswerte Kirchen: Die am Hang gelegene Kirche St. Martin und die benachbarte Salvatorkapelle.

Ilbling
Nicht berühmt, aber nettes Dorf mit einigen schönen Fachwerkhäusern.

Kinding
Bei Kinding rauscht zunächst nicht der Fluß, sondern der Verkehr auf der A9 Nürnberg–München.

Bekannt ist der Markt vor allem wegen seiner **Wehrkirche**. Zwei Wachttürme mit Treppengiebeln und die Mauer mit Wehrgang und

Wehrkirche Kinding

Schießscharten erinnern an den früheren Zweck.

Verkehrsamt im Rathaus
Kipfenberger Str. 4, 85125 Markt Kinding, Tel. 08467/8401-0, Fax -20
Öffnungszeiten: Mo.–Fr. 8–12 Uhr u. 14–19 Uhr, Sa. u. So. 10–12 Uhr

Gasthof Zum Krebs
Marktplatz 1, 85125 Markt Kinding,
Tel. 08467/339, Fax 207,
Ü/F ab DM 42,–
Haus in zentraler Lage, schöner schattiger Biergarten.

Gasthof Krone
Marktplatz 14, 85125 Markt Kinding, Tel. 08467/268, Fax 729,
Ü/F ab DM 40,–
Moderne Zimmer, Kinderspielplatz, vielfältige Speisekarte (auch Diätgerichte).

Unteremmendorf
Wer Zeit für einen kleinen Fußmarsch hat, der sollte bei Unteremmendorf am Ende des Ortes den Pfad hinauf zum **Felsentor** laufen.

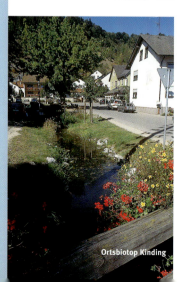

Ortsbiotop Kinding

Freizeitzentrum Kratzmühle

Einst stand dort eine Burg, jetzt gibt es nur einen schönen Blick ins Tal und aufs Dorf.

Gasthof Zimmermann
Unteremmendorf, 85125 Kinding, Tel. 08467/279, Fax 702, Ü/F ab DM 42,50

Abseits der Hauptstraße Kinding–Beilngries, aber doch zentral inmitten mehrerer Erholungslandschaften. Modern eingerichteter Gasthof.

Freizeitzentrum Kratzmühle
Immer am Fluß entlang ist langweilig, warum nicht wieder einmal um einen See herum? Die Anlage ist künstlich, aber inzwischen eingewachsen. Bootsverleih, Tennisplatz und Minigolf gehören neben Campingplatz und Ferienhäusern zum Inventar.

Camping Kratzmühle
Pfraundorf, 85125 Kinding, Tel. 08461/525, Fax 9535
Öffnungszeiten: ganzjährig.
Gebühren: Stellplatz DM 12,–, Erw. DM 9,–, Kinder (b. 14 J.) DM 4,–

Beilngries
Umgeben von Wäldern liegt zu Füßen des Schlosses Hirschberg die Stadt Beilngries. Mit mehr als 8.000

Einwohnern schon eine der größeren im Naturpark und zudem eine der ältesten. Das Geschäftsleben konzentriert sich auf die Hauptstraße mit einer großen Auswahl an Hotels und Gaststätten. Rechts und links zweigen Gassen ab, die alle irgendwann an der ehemaligen Stadtmauer enden. Ein Rundgang, der an allen **neun erhalten Türmen** vorbeiführt, gehört zu jedem Stadtbesuch.

An der Hauptstraße stehen mehrere Bürgerhäuser, das Rathaus (de Gabrieli, 1740) und das rechtwinklig dazu stehende Haus des Gastes, im 15. Jahrhundert als Getreidekasten

Roßturm Beilngries

Hauptstraße in Beilngries

erbaut. Zum platzartigen Ensemble gehört auch das Haus Hauptstraße 25 – es ist ein Bauernhof mitten in der Stadt.

An der Hauptstraße liegt auch die **Stadtpfarrkirche St. Walburga**, die in ihrer heutigen Form rund 100 Jahre alt ist und an der Stelle dreier Vorgängerbauten steht. Erhalten davon ist einer der beiden Türme romanischen Ursprungs, der 1899 einen Zwilling bekam.

Weithin sichtbar ist **Schloß Hirschberg**, der Sommersitz der Eichstätter Bischöfe. Sie erbten den ehemaligen Grafensitz, der 1180 erstmals erwähnt wurde, 1305. Der Bau wurde immer wieder erweitert. Nach einem Blitzschlag übernahmen die Hofbaudirektoren Engel (nach 1670) und Gabrieli (um 1730) den Wiederaufbau, der von Pedetti 1765 beendet wurde. Heute dient das Schloß, nachdem es aus staatlichem Besitz zurückgekauft wurde, der Diözese als Exerzitienhaus.

Am besten nähert man sich dem Komplex von hinten über die zwischen Haunstetten und Wiesenhofen abzweigende Fürstenstraße, eine 3,5 Kilometer lange Allee. Der Weg führt über die Vorburg, den Graben, vorbei an den mittelalterli-

chen Türmen auf den Vorhof. Rechts geht es zur neuen Kapelle von 1970. Der Bau des Architekten Alexander Freiherr von Branca gilt als eine der bedeutendsten Bauwerke moderner Architektur im Altmühltal.

Das dreiflügelige Schloß selbst besticht durch seine symmetrische Anlage und barocke Fassadengestaltung. Die reich ausgestatteten Räume und Säle, in denen sich immer wieder Motive aus dem von Eichstätt beherrschten Altmühltal befinden, sind nur zum Teil zugänglich. Besichtigungen und Führungen sind im Veranstaltungskalender des Touristikverbandes vermerkt.

Flurerturm in Beilngries

Service und Adressen

Verkehrsamt Beilngries
Haus des Gastes, Hauptstr. 14, 92339 Beilngries, Tel. 08461/84350, Fax 70735
Öffnungszeiten: Mai–Okt. Mo.–Fr. 9–12 Uhr u. 14–19 Uhr, Sa. 9–12 Uhr u. 15–19 Uhr, So 10–12 Uhr, Winter kürzer

Brauereimuseum
Bräuhausstr. 36, 92339 Beilngries, Tel. 08461/1033, Fax 7606
Führungen: Apr.–Okt. Sa. 10.30 Uhr
Gezeigt werden in den 350 Meter langen unterirdischen Gängen Brauereigeräte und Dias zur Bierherstellung.

Hotel Fuchsbräu
Hauptstr. 23, 92339 Beilngries, Tel. 08461/6520, Fax 8357, Ü/F ab DM 60,–
Mit die erste Adresse in der Stadt, umfangreiches Gastronomieangebot, Biergarten.

Goldener Hahn
Hauptstr. 44, 92339 Beilngries, Tel. 08461/6413-0, Fax -89, Ü/F ab DM 51,–
Brauereigasthof, der jüngst stilvoll zu einem Tagungshotel erweitert wurde. Glashaus und Innenhof.

Altstadt-Café
Buchbindergasse 2, 92339 Beilngries, Tel. 08461/1618
Uriges Café mit viel Flair und einem schönen Biergarten abseits der Hauptstraße.

Landgasthof Euringer
Paulushofen 10, 92339 Beilngries, Tel. 08461/651-0, Fax 9143, Ü/F ab DM 47,50
Neuer, kinderfreundlicher Gasthof, etwas außerhalb und oberhalb von Beilngries.

Camping „An der Altmühl"
92339 Beilngries, Tel. 08461/8406
Öffnungszeiten: ganzjährig.
Gebühren: Stellplatz DM 8,30, Erw. DM 7,30, Kinder (b. 14 J.) DM 3,50

Freibad
An der Altmühl, 92339 Beilngries, Tel. 08461/7212

Hallenbad
Ingolstädter Str. 5, 92339 Beilngries, Tel. 08461/8292 (nur Sept.–Mai geöffnet)

Adieu Fluß

Leising, **Kottingwörth** und **Töging** sind die letzten Flußstationen, bevor die Altmühl ihr weiteres Dasein im Kanalbett bis zur ehemaligen Mündung bei Kelheim in die Donau fristet. Auffällig ist in Kottingwörth die **ehemalige Wehrkirche St. Vitus**. In Töging steht ein ehemaliges Schloß.

Dietfurt

Fünf Türme sind von der ehemaligen Stadtmauer übrig geblieben, hinter der sich die Dietfurter verschanzten und deshalb als „Chinesen" verspottet wurden. Sie haben daraus eine über die Stadtgrenzen hinaus bekannte Faschingstugend gemacht. Zu den Sehenswürdigkeiten gehören neben einem „Chinesenbrunnen" die Kirche St. Ägidius mit einem Steinrelief von Loy Hering und das Franziskanerkloster.

Service und Adressen

Gasthof Stirzer
Hauptstr. 45, 92345 Dietfurt, Tel. 08464/8658, Fax 9156, Ü/F ab DM 38,–
In der Weinstube erinnert die Tränke daran, daß der Gast in einem ehemaligen Stall sitzt. Und auch in den anderen Räumen der ehemaligen Brauerei atmet der Fremde die Geschichte des Hauses. Die Küche legt Wert auf regionale Produkte aus ökologischem Anbau. Der Stil der Gasträume setzt sich in den 20 Fremdenzimmern fort.

Verkehrsbüro Dietfurt
Rathaus, 92345 Dietfurt, Tel. 08464/6400-19, Fax -33
Öffnungszeiten: Mo.–Fr. 8–11.30 Uhr, Prospekte auch im Museum

Museum Hollerhaus
Pfarrgasse 6, 92345 Dietfurt
Öffnungszeiten: Apr.–Okt. Fr.–So. 14.30–16.30 Uhr
Vor- und frühgeschichtliche Ausstellung, Erläuterung der Kanalbauten.

Nach Kelheim

Das Tal trägt noch den Namen der Altmühl, aber der Fluß fristet fortan sein Dasein als Altarm und Biotop. Weil die Strecke bis Kelheim aber doch noch reich an Sehenswürdigkeiten ist und der Kanal eine beliebte Radl- und Schiffahrtsroute (siehe S. 17) ist, eine Kurzdarstellung der wichtigsten Orte:

Riedenburg

Die Orte hinter Dietfurt gehören bereits zur Stadt Riedenburg. **Meihern**, **Deising** und **Eggersberg** (Schloß mit **Hofmarkmuseum**, Mi.–So. 14–17 Uhr) werden vor der Ankunft in der eigentlichen Stadt passiert.

In **Riedenburg** selbst zu Füßen der **Rosenburg** (Sommer 9–17 Uhr, Falkenhof) steht das **Kristallmuseum** (Fassl-Wirtschaft, Mühlstraße 8, tägl. ab 9 Uhr), etwas kanalabwärts hoch oben auf einem Felsen das **Schloß Prunn** (geöffnet im Sommer 9–11.30 u. 13–16.30 Uhr)

Haus des Gastes
Marktplatz 1, 93342 Riedenburg,
Tel. 09442/90500-0, Fax -2
Öffnungszeiten: Mo.–Fr. 9–12 u. 15–18 Uhr, Sa. 10–12 u. 16–18 Uhr, im Winter kürzer

Gasthof zum Himmelreich
Thannerstr. 1, 93339 Riedenburg-Deising, Tel. 09442/1215, Ü/F ab DM 32,–
Auf Radler eingerichtetes Gasthaus mit Biergarten und Kinderspielplatz.

Hotel Schloß Eggersberg
Obereggersberg 18, 93339 Riedenburg, Tel. 09442/9187-0, Fax -87, Ü/F DM 70,–
Fürstlich nächtigen hoch über dem Kanal.

Pension-Camping Kastlhof
Pillhausen 1, 93339 Riedenburg, Tel. 09447/698, Fax 920191, Ü/F ab DM 25,–
Zimmer, Matratzenlager, Zeltplatz direkt am Radweg Richtung Essing.

Essing

Malerischer, mittelalterlicher Ort, eingezwängt zwischen Jura-Felsen und Kanal unterhalb der Ruine von Burg Randeck. Sehenswürdigkeiten: die längste **Holzbrücke** Europas, **Tropfsteinhöhle Schulerloch** und ein kleiner Rest des **Ludwig-Main-Donau-Kanals.**

Marktgemeinde Essing
Marktplatz 1, 93343 Essing
Tel.+Fax 09447/920093
Öffnungszeiten: Mo.–Fr. 13–17 Uhr

Gasthof Weihermühle
Weihermühle, 93343 Essing,
Tel. 09447/355, Fax 683, Ü/F DM 50,–
Familienfreundlicher Gasthof mit Schwimmbad und Biergarten.

Brauereigasthof Schneider
Altmühlgasse 10, 93343 Essing, Tel. 09447/9180-0, Fax -20, Ü/F ab DM 30,–

Kelheim

Die ehemalige Residenzstadt der bayerischen Herzöge am Schnittpunkt von Altmühl- und Donautal ist eine der touristischen Hochburgen, nicht zuletzt wegen der Sehenswürdigkeiten in der Stadt und ihrer näheren Umgebung: **Befreiungshalle**, **Kloster Weltenburg** und **Donaudurchbruch**. Die Stadt ist auch Heimat der Schneider-Weißen (Gasthaus, Biergarten „Weißes Brauhaus", Emil-Ott-Straße 3–5, Tel. 09441/3480)

Touristinformation
Rathaus, 93309 Kelheim,
Tel. 09441/701-234, Fax -207
Öffnungszeiten: Mo.–Fr.9.30–12.30 u. 14–17 Uhr

Gasthof Zum Schwan
Fischergasse 30, 93309 Kelheim, Tel. 09441/2929-8, Fax -6, Ü/F ab DM 49,–
Am Ufer der Donau gelegener Gasthof mit guter Küche, Biergarten und antik eingerichteten Zimmern.

Links und rechts

Greding

Der geschlossene Mauerring mit **drei Toren und 21 Türmen** beherbergt ein Städtchen mit malerischen Gassen und Plätzen. Zentrum ist der Marktplatz, der gesäumt wird von Bürgerhäusern, dem neuen Rathaus (Jacob Engel, 1699) sowie dem ehemaligen fürstbischöflichen Schloß (Jacob Engel, 1696).

Das historisch bedeutendste Gebäude der Stadt ist die **Martinskirche**. Die ältesten Teile stammen aus dem 11. und 12. Jahrhundert. Am Rande des Friedhofes, unweit der Kirche steht eine makabre Sehenswürdigkeit: Im Karner lagern die Gebeine von 2.500 Menschen. Weil auf dem Friedhof Platzmangel herrschte, wurden die Gebeine ausgegraben, um Platz für neue Grabstätten zu bekommen.

Die Umgebung von Greding lädt zum Wandern geradezu ein. Im Kaisinger Tal gibt es einen **Naturlehrpfad**, im Ortsteil Heimbach beginnt ein **Bildstockweg**. Für beide gibt es Begleitbroschüren im Verkehrsamt.

Beim Bau einer Wasserleitung und der ICE-Strecke wurden 1996 frühzeitliche Gräber gefunden.

Service und Adressen

Kultur- und Verkehrsamt
Marktplatz 13, 91171 Greding,
Tel. 08463/904-20, Fax -50
Öffnungszeiten: Mo.–Fr. 8–12 Uhr,
Di. u. Do. 14–16 Uhr

Museum Natur und Mensch
Marktplatz 8, 91171 Greding,
Tel. 08463/904-20
Öffnungszeiten: März-Dez. Sa. 13–16 Uhr, So 14–17 Uhr
Tiere der Zwischeneiszeit, Fossilien, Höhlenforschung, der Untermässinger Meteorit und Stadtgeschichte.

Sparkassenmuseum
Marktplatz 6, 91171 Greding
Öffnungszeiten: 2. So. i. M. 14–17 Uhr
Der Name ist Programm.

Hotel Schuster
Marktplatz 23, 91171 Greding,
Tel. 08463/903-0, Fax 788
Hotel mit Konferenzeinrichtung sowie Hallenbad und Sauna.

Hotel am Markt
Marktplatz 2, 91171 Greding,
08463/1051, Fax 1602, Ü/F ab DM 42,–

Bauer-Keller/Campingplatz
Kraftsbucher Str. 1, 91171 Greding, Tel. 08463/6400-0, Fax -33, Ü/F ab DM 42,–, PKW+Wohnwagen DM 12,– f. 2 Pers.
Hotel und Campingplatz am Waldrand oberhalb der Autobahn.

Thalmässing

Thalmässing mit seinen 5.000 Einwohnern ist vor allem für archäologisch interessierte eine Reise wert. Ein 15 Kilometer langer **Wanderweg** führt Sie zu Bodendenkmälern der Vor- und Frühgeschichte sowie zur mittelalterlichen Burg Stauf. Der Vorzeit ist ein Museum gewidmet.

Gemeinde Thalmässing
Stettener Str. 26, 91177 Thalmässing, Tel. 09173/909-13, Fax -32
Öffnungszeiten: Mo.–Fr. 8–12 Uhr, Do 13.30–18 Uhr

Museum Vor- und Frühgeschichte
Marktplatz 1, 91177 Thalmässing, Tel. 09173/9134
Öffnungszeiten: April–Okt. Di.–So. 10–12 Uhr u. 13–16 Uhr

Landgasthof „Zum Pyraser"
Marktplatz 2, 91177 Thalmässing, Tel. 09173/206
Etwas alternative Küche, schöner Biergarten, gute Zimmer.

Berching

Das geschlossene **mittelalterliche Stadtbild** macht Berching zu einem der Schmuckstücke Bayerns. Der Main-Donau-Kanal besorgte der Stadt mit ihren 13 Wehrtürmen und vier Stadttoren Anschluß an die Touristenströme.

Stadt- und Verkehrsverein
92334 Berching, Tel. 08462/2050, Fax 9661
Öffnungszeiten: Mo.Sa. 9–12 Uhr u. 14–19 Uhr, So 10–12 Uhr (Winter kürzer)

Kanalschiffahrt
MDK-Schiffahrt Altmühltal e.V., Schloßweg 3, 93309 Kelheim, Tel. 09441/207-125
Berchinger Personenschiffahrt, Richard Strik, Uferpromenade 1, Tel. 08462/27179, Fax 27286

Gewürzmühle
Gredinger Str. 2, 92334 Berching, Tel. 08462/9401-0, Fax -55, Ü/F ab DM 62,– Ruhen und Speisen in einem Haus, das kaum Wünsche offen läßt.

Brauerei-Gasthof Winkler
Reichenauplatz 22, 92334 Berching, Tel. 08462/27331, Fax 27128, Ü/F ab DM 50,–
Modern ausgestatteter Hotelbetrieb mit gutbürgerlicher Küche.

124

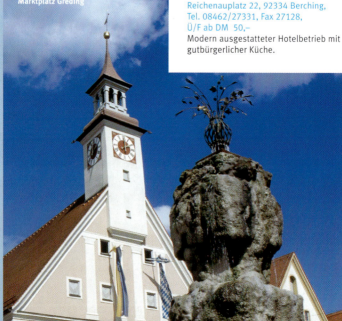

Marktplatz Greding

Service

Radeln

Auf dem Rad sind Sie gut aufgehoben. Rund um die Seen und entlang der Altmühl gibt es ein Radwegenetz, das abseits der Straßen verläuft und nur geringe Steigungen aufweist, so daß es auch von Familien mit Kindern gefahrlos benutzt werden kann.

Bei Touren abseits der Hauptrouten ist zu beachten, daß Fahrradwege in Bayern bis vor wenigen Jahren als überflüssiger Luxus angesehen wurden und selbst an Bundesstraßen noch die Ausnahme sind. Wenn Straßen in Karten als Radwanderwege markiert sind, heißt das nicht, daß es hier eigene Trassen für Radler gibt. Viele Touren sind für Familienausflüge mit kleineren Kindern deshalb nicht zu empfehlen.

Nicht überall bieten sich Rundfahrten an. Oft ist aber eine Rückfahrt mit der Bahn möglich (S. 15). Man kann sich natürlich auch eines Rücktransportdienstes bedienen.

Radwanderkarten
Von den Fremdenverkehrsverbänden (Adressen siehe S. 18) werden folgende Karten herausgegeben:
Rund um den Altmühlsee, 1 Übersichtskarte, 7 Detailkarten mit Beschreibungen, DM 3,–
Naturpark Altmühltal, 1 Übersichtskarte, 10 Detailkarten mit Beschreibungen, DM 9,70
Radwanderkarte Romantisches Franken (Gebiet nördlich u. westlich d. Seenlandes), DM 5,80;
Altmühltour von Ornbau nach Rothenburg o.d.Tauber, kostenlos
Weitere Karten, meist kombinierte Wander- und Radwanderkarten, siehe S. 128. Die Aktualität des Materials erkennen Sie daran, ob der Rundweg um den Großen Brombachsee bereits verzeichnet ist.

Radwanderführer
Walter E. Keller, **Radwandern an der Altmühl,** Werner Kopper, **Radwandern im Fränkischen Seenland,** beide Verlag Walter E. Keller, Treuchtlingen, je DM 9,80
Standardwerke aus der „Gelben Reihe".

Fahrradrücktransport
Zweirad Huber, Ingolstädter Str. 21, 92339 Beilngries,
Tel. 08461/6050-47, Fax -48
Funk-Taxi Marske, Kard.-Schröffer-Str. 2, 85072 Eichstätt, Tel. 08421/5556 oder 0130/135455
Altmühltal-Zweirad-Center, Kindinger Str. 21, 91171 Greding,
Tel. 08463/1050
San-Aktiv-Tours, Nürnberger Str. 48, 91710 Gunzenhausen,
Tel. 09831/4936, Fax 80594
Busunternehmen Kammerbauer, Morsbacher Str. 8, 85135 Titting-Emsing, Tel. 08423/726, Fax 1412
Radlbusse (S. 17)

Fahrradverleih
Fahrradverleihstationen gibt es viele. Verzeichnisse haben die Fremdenverkehrsverbände.

Reiten

Wer das Glück dieser Erde auf dem Rücken der Pferde sucht, wird im Seenland und im Altmühltal gut bedient: Es gibt Reiterpensionen, Reiterhöfe mit Schulen, Boxen für Feriengäste und Wanderreitstationen.

Fast überall werden auch Kutschfahrten angeboten. Listen mit zusammen rund 100 Anbietern enthalten das „Urlaubs ABC" des Gebietsausschusses Neues Fränkisches Seenland und die „Freizeitfibel des Naturparks Altmühltal". Bezugsadressen unter A–Z (S. 18). Der Gebietsausschuß Fränkisches Seenland verschickt auf Wunsch auch eine Liste mit Wanderreitstationen.

Ferien auf Reiterhöfen

Reiterhof Altmühlsee

Mooskorb 21, 91710 Gunzenhausen-Wald, Tel. 09831/6762-0, Fax 80844, Pauschalpreise
Reithalle, Springplatz, Geländetraining, Military, Kutschfahrten, Gastpferdeboxen, Schwimmbad, Sauna, Solarium.

Reit- und Kutschenparadies Jordan

Oberhambach Nr. 12, 91710 Gunzenhausen, Tel. 09836/1380, Ü. o. F. DM 35,–
Reithalle, Springplatz, Gastboxen, Ausritte, Kinderzoo. Reiterferien für Kinder ohne Eltern.

Reiterhof Kreuth

Schloß Kreuth 1, 91180 Heideck, Tel. 09177/210, Fax 1600, Ü/F ab DM 35,–
Halle und Freigelände, Gastpferdeboxen, Unterricht u.a.

Wandern

Die vielen Wandermöglichkeiten in einem Kapitel beschreiben zu wollen, wäre unmöglich. Mehrere tausend Kilometer markierter Wege laden zum Spaziergang oder zur mehrtägigen Wanderung von Gasthaus zu Gasthaus ein.

Die bekannteste Route ist das Altmühltal (S. 114). Etwa eine Woche ist man zu Fuß unterwegs von Treuchtlingen bis Kelheim. Meist gibt es zwei bis drei Wege: einen am Fluß (starker Radfahrverkehr) und einen auf der Jurahöhe an den Talkanten.

Wanderkarten

Seenland und Altmühltal werden abgedeckt durch folgende Karten, in denen sowohl Wander- als auch Radwanderwege enthalten sind:
Topographische Karte Naturpark Altmühltal, mittlerer und östlicher Teil, 1:50.000, Bayerisches Landesvermessungsamt München, DM 16,80
Topographische Karte Neues Fränkisches Seenland, Altmühltal, westlicher Teil, 1:50.000, Bayerisches Landesvermessungsamt München, DM 16,80
Kompass-Wanderkarten Nr. K 174 (Fränkisches Seenland), K 177 (Mittleres Altmühltal) K 178 (Unteres Altmühltal), 1:50.000, Verlag Heinz Fleischmann GmbH & Co, 82319 Starnberg, DM 12,80
Freizeitkarte Neues Fränkisches Seenland, 1:25.000, Beron+Schrenk, München/Gunzenhausen, DM 12,80 (beschränkt auf Altmühlsee und Brombachseen)
Die Fremdenverkehrsverbände geben kostengünstige Wanderkarten heraus:
Rund um den Altmühlsee, 1:50.000, DM 4,– und **Ferienlandschaft Hahnenkamm** 1:50.000, DM 1,80, erhältlich über Kreisverkehrsamt Gunzenhausen, Hafnermarkt 13, 91710 Gunzenhausen, Tel. 09831/3691, Fax 80450
Rad- und Wanderkarte Landkreis Ansbach (2 Karten), 1:50.000, DM 12,–, Romantisches Franken, Am Kirchberg 4, 91598 Colmberg, Tel. 09803/941-41, Fax -44
Wandern rund um den Rothsee, 1:25.000, DM 4,–, Landratsamt Roth, Kultur u. Tourismus, 91152 Roth, Tel. 09171/81329
Fast alle Städte und Gemeinden haben eigene Wanderkarten herausgegeben, die von den örtlichen Fremdenverkehrsämtern kostenlos oder gegen eine geringe Schutzgebühr abgegeben werden.

Wanderführer

Walter E. Keller, **Wandern an der Altmühl,** Verlag Walter E. Keller, Treuchtlingen, DM 9,80

Windsurfen

Das Seenland ist ein Westwindrevier: Gleitwind gibt es vor allem, wenn Kaltfronten im Gefolge atlantischer Tiefausläufer über Franken hinweggezogen sind. Im Sommer gilt oft: „still ruht der See".

Windvorhersagen
Windtelefon: 0190/779941
Windfax: 0190/779946

Allgemeine Informationen
http://privat.schlund.de/
LoyMichael/seenland.htm
http://brombachsee.com/fun.htm

Altmühlsee

Da der See wie ein Suppenteller im weiten Altmühltal liegt, bläst der Wind gleichmäßig über die Wasserfläche. Das gilt insbesondere für die vorherrschenden Westwinde, denen sich kein Hindernis in den Weg stellt. Bei östlichen Winden sind es Gunzenhausen und die dahinter gelegenen Anhöhen, die etwas Wind aus den Segeln nehmen.

Die geringe Wassertiefe von nur 2,0 bis 2,5 Metern sorgt für eine lange Saison. Denn im Frühjahr genügen wenige Sonnentage, um das Wasser auf erträgliche Temperaturen zu erwärmen. Trotz der geringen Wassertiefe gibt es aber kaum Stehbereiche.

Surfzentrum Schlungenhof
Der mit Abstand beliebteste Spot im Seenland befindet sich am Nordufer (Zufahrt ausgeschildert) bei Gunzenhausen-Schlungenhof.

Die Parkflächen und der Übernachtungsplatz für Wohnmobile (DM 10,– pro Nacht) liegen unmittelbar am Fuß des Ringdammes, bis zum Wasser sind es nur wenige Schritte.

Direkt am Surfufer gibt es eine Cafeteria, die auch Frühstück anbietet.

Surf Sepp
Schlungenhof Surfufer, 91710 Gunzenhausen, Tel. 09831/1240, Fax 7087
Shop, Schule und Brettverleih direkt am Surfzentrum.

Werner's Surfshop
Ansbacher Str., 91710 Gunzenhausen-Schlungenhof
Surfshop im Ort nicht weit vom Surfstrand an der B13. In der Saison
auch Sa. u. So. geöffnet.

Seezentrum Wald
Einziger Spot am Südwestufer. Auf-
riggplatz und Einstiegsstelle ist die
Grasfläche unterhalb der Gaststätte
zwischen Strand und Bootshafen.
Der Weg vom Parkplatz bis zum
Wasser beträgt rund 250 Meter. Bei
westlichen Winden zunächst etwas
Landabdeckung.

Kleiner Brombachsee
Die Hügel und Wälder an seinem
Rand machen den Kleinen Brombachsee landschaftlich reizvoll, sorgen aber bisweilen für widrige
Winde. Beste Windrichtungen sind
West und Ost, wenn der Wind auf
seinem Weg durchs Tal nicht abge-
lenkt wird.

Badehalbinsel Absberg
Das Surfufer liegt direkt neben dem
stark besuchten Badestrand. Wer zu
spät kommt, den bestrafen lange
Transportwege.

Surfschule Brombachsee
Hanne und Horst Marten, Am Berg
20, 91154 Roth, Tel. 09175/594, im
Winter 09171/7929
Surfschule und Brettverleih direkt
am Surfstrand.

Langlau
Surfen ist außerhalb der Badezonen
erlaubt, Weg zum Parkplatz rund
300 Meter. Gleiche Bedingungen
wie im gegenüberliegenden Absberg: bei Ost und West entsprechender Stärke geht es hin und
zurück in einer Minute.

Seemeisterstelle Absberg
Baden und Surfen am gleichen
Strand. Der Spot am Damm unter-
halb von Absberg ist deshalb bei
Surfern mit Familie beliebt. Ein Teil
der 120 Parkplätze befindet sich di-
rekt hinter der Liegewiese. Nachteil:
Der Wind ist böiger.

Großer Brombachsee
Offiziell ist der Brombachsee noch
nicht freigegeben, aber die Surfer
haben sich ihren Platz schon ausge-
guckt: Am östlichen Ortsende von
Ramsberg, dort, wo die Dorfstraße
endet, läßt sich das Material bequem ins Wasser bringen. Da sich
die Zahl in Grenzen hielt, wurden die
Surfer zumindest 1997 auf dem
Wasser geduldet, für 1998 wird die
offizielle Freigabe erwogen. Die
Pläne des Zweckverbandes sehen
für Ramsberg – etwa dort, wo jetzt
schon gesurft wird – ein Surfzentrum mit Kiosk vergleichbar dem in
Schlungenhof am Altmühlsee vor.
Surfgelegenheiten soll es auch in
Pleinfeld und Allmannsdorf geben,
über Enderndorf ist noch nicht entschieden.

Igelsbachsee
Die Surfschule am Igelsbachsee war
im Sommer 1997 geschlossen. Un-
geachtet dessen ist Windsurfen an
der Freizeitanlage in Enderndorf erlaubt. Beste Windrichtung Nordwest
oder Südost, ansonsten widrige Ver-
hältnisse.

Rothsee
Das einzige Surfufer befindet sich
bei Heuberg, am südöstlichen Ende
des Sees unweit des Dammes.
Beste Bedingungen bei Winden aus
West, vor allem, wenn sie aus etwas
südlicheren Richtungen kommen,
oder Nordost.

Segeln

Das Seenland ist als Segelrevier inzwischen so beliebt, daß es vor allem auf dem Altmühlsee bei entsprechender Brise eng wird.

Wetterdienste
Windtelefon: 0190/779941
Windfax: 0190/779946

Altmühlsee
Der Altmühlsee bietet wegen seiner Bauweise – die Wasserfläche liegt höher als die Sohle des weiten Altmühltals – die günstigsten Bedingungen. Wind aus westlichen Richtungen erreichen das Wasser ungebremst, bei Ost bremsen die Anhöhen hinter Gunzenhausen etwas.

Auskünfte und Liegeplätze
Zweckverband Altmühlsee, Marktplatz 25, 91710 Gunzenhausen, Tel. 09831/508-71, Fax -79, Fr. 13 Uhr bis So. 20 Uhr Anmeldung und Einweisung: 0172/8416198

Schlungenhof
Von 217 Liegeplätzen am Nordufer sind die Hälfte an Land. Für Urlauber sind 7 Wasser- und 18 Landplätze reserviert. Slipanlage sowie ein Bootskran bis 2 t sind vorhanden.

Muhr am See
Heimathafen für 283 Skipper am Nordwestufer. Knapp 100 davon dürfen ihre Boote im Wasser lassen. 8 Urlauber können am Steg anlegen und 25 ihre Boote an Land deponieren. Eine Slipanlage ist ebenfalls vorhanden.

Wald
275 Liegeplätze am Südufer, zu fast gleichen Teilen an Land und im Wasser. 41 davon sind für Gäste gedacht, davon 14 am Wasser. Slipanlage vorhanden.

Segelschule, Segelbootvermietung: Zwack, Tel. 09831/5312
Katamaran- und Jollenverleih: San-Aktiv-Tours, Nürnberger Str. 48, 91710 Gunzenhausen,
Tel. 09831/4936, Fax 80594

Kleiner Brombachsee

Der See liegt landschaftlich reizvoller als der Altmühlsee. Die Höhenzüge an seinem Rand machen ihn aber auch zu einem oft tückischen Revier. Weht der Wind nicht direkt durch das Tal (Ost-West), ist mit böigen und drehenden Winden zu rechnen.

Auskünfte und Liegeplätze

Zweckverband Brombachsee, Obere Dorfstr. 3, Ramsberg, 91785 Pleinfeld, Tel. 09144/571
Seemeister W. Herrmann, Halbinsel Absberg, Tel. 09175/9181

Absberg

116 Wasserliegeplätze, 312 Plätze an Land, Sliprampe vorhanden.
Segelschule Schock&Greubel, Pirckheimerstr. 43, 90408 Nürnberg, Tel. 0911/351361

Langlau

Kleiner Steg und Landliegeplätze. Segelkurse siehe Absberg.

Großer Brombachsee

Alle Wassersportler blicken auf den Pegel des Brombachsees: Ein regen- und schneereicher Winter 1997/98 vorausgesetzt, hat der Zweckverband Brombachsee die offizielle Freigabe für Wassersportler im Mai 1998 in Aussicht gestellt.

Bis dahin könnten auch die Stege in Ramsberg fertig sein, alle anderen Häfen werden mit Sicherheit erst zwischen 1999 und 2002 in Betrieb gehen.

Das Gewässer verspricht optimale Bedingungen vor allem bei Wind aus Ost und West.

Auskünfte allgemein

Zweckverband Brombachsee, Obere Dorfstr. 3, Ramsberg, 91785 Pleinfeld, Tel. 09144/571

Ramsberg

600 Wasserliegeplätze, 250–300 Landliegeplätze, Slipanlage, Servicegebäude ab 1998 betriebsbereit, Eröffnung vom Wasserstand abhängig.

Pleinfeld

200 Liegeplätze am Wasser und noch einmal die gleiche Zahl an Land im Bau.

Inbetriebnahme bei entsprechendem Wasserstand vielleicht im Jahr 1998.

Enderndorf

160 Plätze am Wasser in Planung. Das Datum der Inbetriebnahme steht noch nicht fest.

Absberger Seespitz

50 Plätze am Damm des Kleinen Brombachsees in Planung.

Igelsbachsee

Segeln möglich, wird aber wegen seiner Tallage und geringen Breite kaum genutzt. In Enderndorf gibt es eine Sliprampe.

Rothsee-Hauptsperre

Auf der Vorsperre ist Wassersport verboten, bleibt nur die Hauptsperre. Sie ist das kleinste Revier im Seenland.

Auskünfte

Zweckverband Rothsee, Weinbergweg 1, 91154 Roth, Tel. 09171/81310

Seezentrum Heuberg

Der kleine Bootshafen am Seezentrum Heuberg bietet 60 Plätze im Wasser und 150 an Land.
Segelschule: G. u. A. Steinmetz, Adam-Krafft-Str. 18, 91161 Hilpoltstein, Tel. 09174/3111

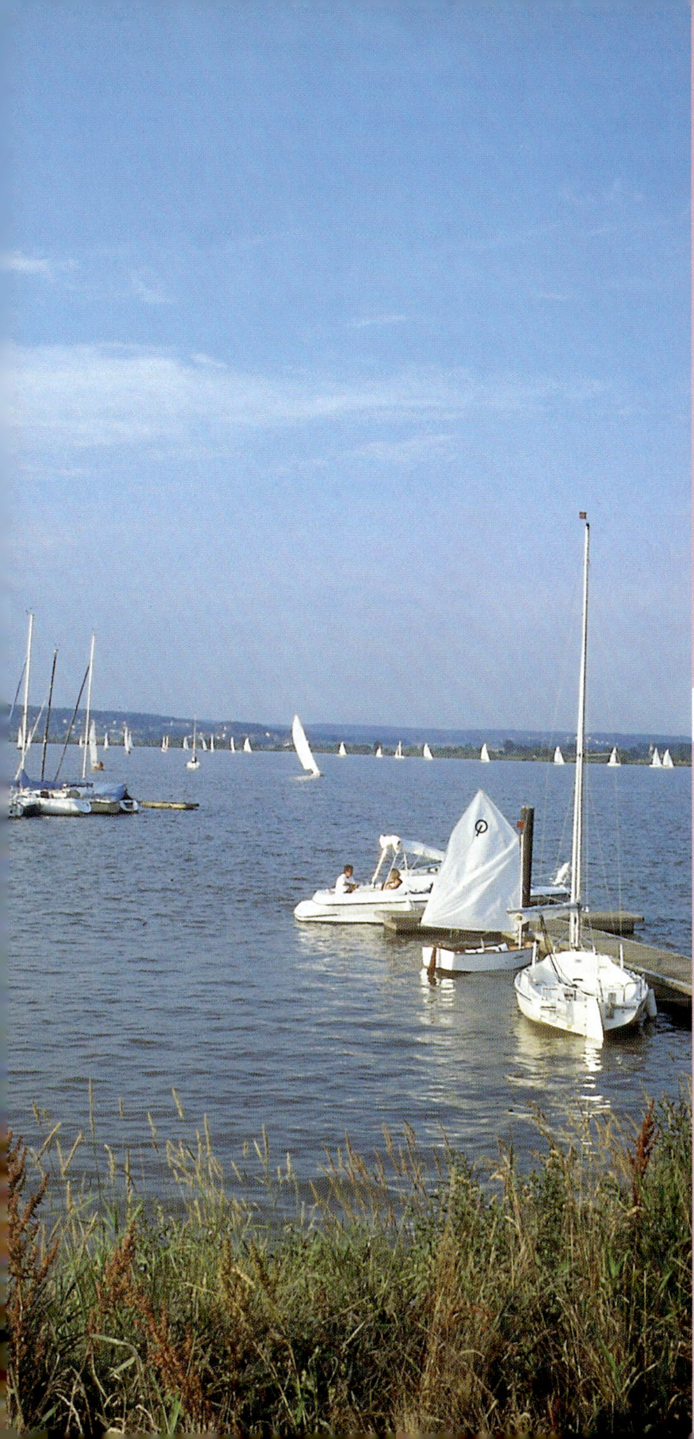

Bootswandern

Die Altmühl aus der „Entenperspektive" gehört zu den schönsten Naturerlebnissen. 134 Flußkilometer sind es von Ornbau bis Töging am Main-Donau-Kanal. Die Altmühl gilt als „Zahmwasser", dessen Strömung ohne jede Schwierigkeit ist. Touren sind ganzjährig möglich, allerdings war in den letzten Jahren im Spätsommer der Wasserstand bisweilen zu niedrig. Der Main-Donau-Kanal erfordert wegen der Schleusendurchfahrten und des Schiffsverkehrs dagegen einiges Können.

An der Altmühl ein Boot zu mieten, ist kein Problem. Insbesondere ab Treuchtlingen ist die Zahl der Anbieter groß, die Preisgestaltung aber unübersichtlich. Ein Dreier-Canadier kostet etwa 50 bis 60 Mark pro Tag, einige Anbieter rechnen nicht pro Boot, sondern nach Personen ab. Aber Achtung: Teuerer als die Bootsmiete ist der Rücktransport, den alle Vermieter anbieten. Ein Liste mit allen Bootsvermietungen und Preisen kann angefordert werden bei:

Informationszentrum Naturpark Altmühltal
Notre Dame 1, 85072 Eichstätt, Tel. 08421/9876-0, Fax -54,

Der Bootsverkehr auf der Altmühl hat enorm zugenommen, umso wichtiger ist die Einhaltung der Regeln, um die Beeinträchtigung der Natur so gering wie möglich zu halten:

Ein- und Ausstieg nur an den Wehren und ausgeschilderten Rastplätzen, an denen zum Teil auch Campen und Grillen erlaubt ist. Grundsätzlich sollte nur in der Flußmitte gefahren werden, Uferzonen sind tabu. Das gleiche gilt für Altwässer.

Eine Bootstour von Ornbau nach Dietfurt dauert etwa fünf bis sechs Tage, weitere ein bis zwei Tage sind es auf dem Kanal bis Kelheim. Rastplätze mit kostenloser Zeltmöglichkeit gibt es bei: Treuchtlingen, Zimmern, Solnhofen, Hammermühle, Wasserzell, Eichstätt, Inching, Gungolding, Kinding, Kottingwörth und Töging.

Gebührenpflichtige Campingplätze und Gasthäuser sind bei den jeweiligen Ortsbeschreibungen aufgeführt.

Bootswanderführer
Erhard Bendig/Walter E. Keller
Bootwandern auf der Altmühl,
Verlag Walter E. Keller, Treuchtlingen, DM 9,80
Das Büchlein, herausgegeben in Zusammenarbeit mit dem Naturpark Altmühltal, enthält auch eine Flußkarte, Wehre, Rast- und Zeltplätze.

Noch mehr Sport

Golf
Abenberg
18-Loch-Anlage im Kaltenbachtal zu Füßen der Burg.
Auskunft: Golf-Club Franken Abenberg, 91183 Abenberg, Tel. 09178/9896-0

Pleinfeld
Golf Zollmühle unweit der B2 zwischen Pleinfeld und Ellingen. 9-Loch-Anlage mit Kurzplatz.
Öffnungszeiten: Sa, u. So. ab 7 Uhr, sonst ab 9 Uhr bis Sonnenuntergang
Eintritt: Mo.–Fr. DM 35,–, Sa. u. So. DM 45,–

Klettern
So verlockend es für Alpinisten auch sein mag, die Felsen des Altmühltales zu erklimmen, bitte lassen Sie die Finger davon. Klettern ist nur an drei Plätzen im Naturpark ausdrücklich erlaubt: Der „Burgsteinfelsen" zwischen Dollnstein und Breitenfurt (45 Meter hoch, Schwierigkeitsgrade zwischen IV. und VII. Grad). Im Wellheimer Trockental steht bei Konstein der „Dohlenfelsen" (50 m, IV–VII. Grad). Er gilt als der anspruchsvollste im Naturpark.

Nicht weit davon gibt es oberhalb von Aicha die „Weiße Wand" (35 m, III–VII), die „Fensterl-Wand" (30 m, IV–VII) und die „Oberlandwand" (30 m, III–VII). Letztere bietet auch Übungsplätze für Anfänger.

Tennis
Fast alle Tennisvereine erlauben Gästen die Benutzung ihrer Plätze gegen eine Gebühr. Informationen gibt es vor Ort. Adresslisten enthalten das „Urlaubs ABC" des Gebietsausschusses Neues Fränkisches Seenland und die „Freizeitfibel" des Naturparks Altmühltal Adressen unter A–Z (S. 18).

Wintersport
Das Altmühltal ist sicherlich kein alpines Skigebiet, aber auch auf Brettern läßt es sich bei entsprechender Schneehöhe gut erforschen. Es gibt sogar kleine Liftanlagen bei Dollnstein, Heideck, Thalmässing und Mitteleschenbach. Mehrere Orte im Altmühltal (Treuchtlingen, Solnhofen, Kipfenberg, Beilngries) sowie Berching, Greding und Weißenburg spuren zusammen rund 200 Kilometer Langlaufloipen. Auskünfte erteilen die Verkehrsämter.

Altmühlflußbad Leutershausen

Szene, Kneipen

Ansbach

Kammerspiele
Maximilianstr. 27a, 91522 Ansbach,
Tel. 0981/13756
Ein Verein hat in einem ehemaligen Kino
in der Region etwas einmaliges geschaffen. Kleinkunst und Musik (Rock, Folk)
dominieren das vielseitige Programm.

Projekt im Turm
Schloßstr. 14, Tel. 0981/96401
Alptraum der Konservativen.

Kaspar Hauser
Pfarrstr. 10, Tel. 0981/17053
Treffpunkt der Grün-Alternativen.

Café Prinzregent
Würzburger Landstr. 5, Tel. 0981/82776
Studenten- und Künstlerkneipe gegen-
über der Fachhochschule.

Beilngries

Disco Extra
Bräuhausstr. 34, Tel. 08461/7337
Diskothek mit recht gemischtem Publi-
kum.

Berolzheim

Gasthaus „Weißes Roß"
Am Platz, Tel. 09146/818, geöffnet Mi.,
Fr. u. Sa. ab 18 Uhr
Disco und Gasthaus, Einrichtung mit
Kultcharakter.

Eichstätt

Dasda
Mondscheinweg 9, Tel. 08421/3768
geöffnet Mi., Do. u. Sa.
Unangefochtene Institution in Eichstätt.
Disco (Techno bis dt. Schlager) mit Bier-
garten und Kulturprogramm. Anfahrt:
Stadt Richtung Wasserzell verlassen, am
Ortsausgang schräg gegenüber der
Brauerei Hofmühl.

„Zum Gutmann"
Am Graben 36, Tel. 08421/8381
Der Untertitel „Wirtshaus und Klein-
kunst" ist Programm.

Wirtshausausleger in Lichtenau

Desperado
Gabrielistraße
Musikkneipe mit Pfeffer. Der Mexikaner
ist schwer in.

Trompete
Ostenstr. 3, Tel. 08421/1613
Beliebter Treffpunkt, günstiges Essen.

Planetenstüberl
Westenstr. 6, Tel. 08421/1206
„Music-, Sport'n'Beer-Bar".

S'Zifferblatt
Pedettistr. 16
Treffpunkt für Schüler und jüngere Eichstätter. Café mit Billard, Dart und Internetanschluß.

Ellingen

Diskothek Treffpunkt
Bahnhofstraße 20a, Tel. 09141/2340

Greding

Disco Number 1
Kindinger Str. 23, Tel. 08463/762

Gunzenhausen

Disco „Maxi"
Nürnberger Str. 106, 91710 Gunzenhausen, Tel. 09831/426
Diskothek gegenüber McDonald's. Einzige am Ort.

Musikcafé „Scharfes Eck"
Hensoltstr. 48, 91710 Gunzenhausen,
Tel. 09831/80736
Wirkt von außen progressiv, ist innen
aber ganz normal.

Heidenheim

„Tanzpalast Rialto"
Stelzergasse 30, 91719 Heidenheim,
Tel. 09833/1536
Beliebtes Ziel der Jugendlichen aus der
Umgebung. Im Sommer geschlossen.

Hilpoltstein

Diskothek „Fun Factory"
Brückenstr. 4a, Tel. 09174/9522

Immeldorf (Lichtenau)

Weißes Roß
Hauptstr. 25, Tel. 09827/223
Alter Dorfgasthof mit Platz für heimische
Rockbands.

Nennslingen

Tanzsaal Lehmeier
Marktplatz 14, Tel. 09147/244
Samstagabend (Okt.–Mai) Treffpunkt der
Jugend seit Generationen.

Roth

Kulturfabrik
Stieberstr. 7, 91154 Roth,
Tel. 09171/84862 und 346
(Karten 10 –14 Uhr)
Disco, Konzerte, Theater, Kleinkunst, Le-
sungen... – hier wird alles geboten.

Disco „Hair"
Industriestr. 69,
91154 Roth-Pfaffenhofen,
Tel. 09171/1767

Solnhofen

Theater-Gasthaus Alte Schule
Ferd.-Arauner-Str. 20, Tel. 09145/6422
Gasthaus und mehr: Kulturprogramm
mit Schwerpunkt Musik und Kleinkunst.

Disco „Rainbow"
Senefelder Str. 15, Tel. 09145/211

Treuchtlingen

Monument
Treuchtlinger Str. 16, Wettelsheim,
Tel. 09142/8756
Diskothek bei den Bierkellern.

Weidenbach/Triesdorf

Quasimodo
Am Kreuzweiher, Tel. 09826/296
Kulturkneipe mit Programm, Schwer-
punkt regionale Rockmusik.

Weißenburg

Café „Macmbo"
Luitpoldstr. 3, Tel. 09141/92518
Das Lokal vereint verschiedene Stile und
bietet Konzerte und Ausstellungen.

Café Wahnsinn
Niederhofener Straße 1,
Tel. 09141/1245
Ganz normales Lokal für junge Leute.

Festivals, Theater

Ansbach

Bachwoche

Alle zwei Jahre (ungerade Jahreszahlen) Anfang August. Hochkarätig besetzte Konzertwoche mit viel Prominenz. Spielstätten sind die beiden Hauptkirchen, das Schloß und die Orangerie.
Auskunft: Bachwoche Ansbach GmbH, Karlsplatz 7, 91522 Ansbach, Tel. 0981/3567

Eichstätt

Eichstätter Sommerspiele

Kulturprogramm mit sehr breitem Spektrum: Konzerte, Theater, Lesungen, Kabarett in verschiedenen Spielstätten. Informationen im städt. Verkehrsamt.

Gunzenhausen

Sommerkonzerte mit Bewirtung

Von Mitte Juni bis Ende August wird jeden Mittwoch von 19–22 Uhr im Falkengarten am Jagdschloß musiziert.
Auskunft: Städt. Kulturamt, Tel. 09831/508-65

Hilpoltstein

Burgspiel

Vor und während des Burgfestes am ersten Augustwochenende Komödien aus allen Epochen in der Burgruine.
Auskunft: Stadtverwaltung, Tel. 09174/9780

Roth

Schloßhofspiele

Jährlich im Juli und August im Hof von Schloß Ratibor.
Auskunft: Stadtverwaltung, Tel. 09171/84833

Spalt

Sommernachtsspiele

Open-Air-Theater im Rathausgarten jährlich im Juli.
Auskunft: Tel. 09175/1858
Karten: Friseur Pfuff, Tel. 09175/207

Festspiel „Die Nürnberger Reis"

Erinnert an Belagerung der Stadt durch Nürnberger Landsknechte 1450. Aufführung nur alle fünf Jahre (Jahr 2000).
Auskunft: Stadtverwaltung, Tel. 09175/17965-0

Weißenburg

Bergwaldtheater

Der heiteren Muse hat sich die Stadt auf ihrer Freilichtbühne an der Ludwigshöhe verschrieben. Aufführungen von Mitte Juni bis Anfang August.
Auskunft und Karten: Amt für Kultur und Touristik, Martin-Luther-Platz 3–5, 91780 Weißenburg, Tel. 09141/907-123, Fax -121
Eintritt: DM 15,– bis DM 40,–

Kirche in Ostheim

Kinos

Ansbach
Schloßlichtspiele + Studio
Promenade 27, Tel. 0981/97040-0

Capitol Kinocenter
Kanalstr. 13, Tel. 0981/2700

Eichstätt
Burgtheater
Westenstr. 6, Tel. 08421/4473

Studio im Alten Stadttheater
Residenzplatz 17, Tel. 08421/4473

Georgensgmünd
CTC
Bahnhofstr. 17, Tel. 09172/1795

Gunzenhausen
Bavaria-Kinos
Marktplatz 10, Tel. 09831/2358

Roth
Bavaria-Kino-Center
Bahnhofstr. 66, Tel. 09171/2256

Treuchtlingen
Central
Goethestr. 9, Tel. 09142/6566

Weißenburg
Regina, Camera, Mini
Nordring 18, Tel. 09141/84927s

Stichwortverzeichnis

Wo soll's hingehen?

Reiseführer aus dem Koval Verlag
Jeder Band 144 Seiten, DM 24,80

Atlanta
ISBN 3-931464-00-8

Las Vegas
ISBN 3-931464-01-6

Kaliforniens Küste
ISBN 3-931464-10-5

New York
ISBN 3-931464-12-1

Hongkong
ISBN 3-931464-05-9

Singapore
ISBN 3-931464-03-2

Kuala Lumpur/Malakka
ISBN 3-931464-04-0

Sydney
ISBN 3-931464-18-0

Stuttgart
ISBN 3-931464-09-1

Schwäbisch Hall
ISBN 3-931464-07-5

München
ISBN 3-931464-06-7

Frankfurt
ISBN 3-931464-16-4

Hannover
ISBN 3-931464-19-9

Shopping in den USA
ISBN 3-931464-13-X

Reiseknigge Japan
ISBN 3-931464-17-2

Reiseknigge Asien
ISBN 3-931464-14-8

Reiseknigge China
ISBN 3-931464-20-2

Reisen in den USA
ISBN 3-931464-08-3

Reisen zum Mond
ISBN 3-931464-15-6
„Der ungewöhnlichste Reiseführer der Saison"
focus Magazin

144

Der Koval Verlag im Internet

http://www.koval.de

Infos – Kostenloser Update-Service – Verlagsprogramm – Direktbestellung